Langenscheidt

Pocket-Langues Pour Tous

Sofort im Geschäft Chinesisch

Fachwortschatz und Sprachführer
für Geschäftsgespräche

von Rébecca Peyrelon-Wang

W0172546

Langenscheidt

Berlin · München · Wien · Zürich · New York

Übersetzung und Adaption für deutschsprachige Benutzer:
Stéphane Rilling, Susanne Brudermüller

Bibliografische Information der Deutschen Nationalbibliothek
Die Deutsche Nationalbibliothek verzeichnet diese Publikation
in der Deutschen Nationalbibliografie; detaillierte bibliogra-
fische Daten sind im Internet über http://dnb.ddb.de abrufbar.

Published originally under the title „Faire des affaires tout de
suite en chinois"
© 2007 by Langues pour tous, département d'Univers Poche,
Paris
German translation copyright:
© 2010 Langenscheidt Fachverlag, ein Unternehmen der
Langenscheidt KG, Berlin und München, auf der Grundlage
einer Lizenzvereinbarung mit dem Verlag Langues pour tous,
département d'Univers Poche, Paris
Satz: Peter Vogelpoel, Champigny-sur-Marne
Druck: Mercedes-Druck, Berlin
Printed in Germany
ISBN 978-3-468-21922-1

10010

INHALTSVERZEICHNIS

VORWORT

Ziel dieses Werkes ist es, die chinesische Geschäftssprache anzuwenden, aber auch den Leser, den zukünftigen Geschäftsmann in China, mit der chinesischen Kultur und deren Denkweise vertraut zu machen, damit eine berufliche Tätigkeit in gegenseitigem Respekt beider Kulturen ausgeübt werden kann.

Auf jede Lektion folgen landeskundliche Hinweise, die sich auf das behandelte Thema beziehen, sowie thematischer Wortschatz. Nur Mut und gute Geschäfte in China!

Vorschläge und Ergänzungen zur Verbesserung dieses Werkes nehmen Autor und Verlag gern entgegen. Bitte schreiben Sie an die Redaktion Langenscheidt Fachverlag, Langenscheidt KG, Postfach 40 11 20, D-80711 München.

Der Verlag

DIE CHINESISCHE KULTUR BESSER VERSTEHEN

人境而问禁
人国而问俗
人们而问讳

Wenn Sie eine Gegend durchqueren, fragen Sie nach den Verboten.
Wenn Sie ein Land besichtigen, fragen Sie nach den Bräuchen.
Wenn Sie in eine Familie kommen, fragen Sie nach den Tabus.

LIJI, *Buch der Riten*, 500 v. J.-C.

Während die westliche Welt auf Wettbewerb setzt, glaubt Asien an die *Harmonie*. In China wird behauptet, dass Wettbewerb zur Disharmonie führe.

Während die Kultur im Westen auf das *Individuum* ausgerichtet ist, ist sie es in Asien auf die *Gruppe*.

Während der Westen die *Redner* bewundert, ziehen es die Chinesen vor, zu *schweigen* und zu *handeln*.

Während der Westen an die kartesianische Wahrheit glaubt, glaubt Asien im Gegensatz dazu an eine relative Wahrheit und stützt sich auf die Harmonie in den Beziehungen zu den anderen

Während der Westen Kritik als objektiv betrachtet, ist Asien bestrebt, dass der Gesprächspartner sein Gesicht nicht verliert, und wird niemals direkte Kritik üben.

Während im Westen die *Auseinandersetzung* vorherrschend ist, ist die *Konfrontation* in Asien unpassend. Sie wird als die bedauerlichste der Unhöflichkeiten betrachtet.

Während die Rede eines Menschen aus der westlichen Welt *direkt* und zielgerichtet ist, macht die Rede eines Chinesen manche *Umwege* und bleibt vieldeutig, genauso wie eine negative Antwort zu vermeiden ist. Die *Sprache* ist knapp, manchmal vage für einen Menschen aus der westlichen Welt.

Während jemand aus der westlichen Welt erwartet, dass die eigene Meinung ausgedrückt wird, und die Entscheidungen oft *individuell* sind, beruft sich der Asiate auf seine Autorität oder auf seinen Chef. Die Entscheidungen sind Entscheidungen der *Gruppe*.

Während für einen Menschen aus der westlichen Welt der *Blickkontakt* zu den Partnern wesentlich ist, kann er in China als ein Zeichen von Respektlosigkeit und sogar Vulgarität empfunden werden. Während im Westen „Ja" eine Bejahung in unmittelbarem Gegensatz zum „Nein" ist, ist das chinesische „Ja" eher ein Einverständnis als eine bejahende Antwort.

Während im Westen die Zeit „gedacht" wird, wird sie in Asien „in Betracht gezogen" … Die Ausdrücke 刚才 (gāngcái: *im Augenblick*) oder 过两天 (guòliǎngtiān: *in zwei Tagen*) werden jeden kartesianischen Geist aus der Fassung bringen, wenn sie wortwörtlich genommen werden. 过两天 muss als *in einiger Zeit* aufgefasst werden! Aber im Gegensatz zum Westen gibt es keine Verspätung bei Versammlungen … Jetzt sind Sie dran: Sie müssen 入乡随俗… rùxiāngsuísú: *sich in ein Land begeben und seine Bräuche beobachten*, das heißt: *sich den örtlichen Gepflogenheiten anpassen.*

BESONDERHEITEN DER CHINESISCHEN SPRACHE

▪ Die chinesischen Schriftzeichen

Die chinesische Sprache besitzt kein Alphabet. Sie besteht aus Schriftzeichen. Im Allgemeinen entspricht jedes Phonem einem Schriftzeichen, wobei jedes Schriftzeichen seine eigene Bedeutung hat (auch wenn Ihnen das Phonem identisch erscheint …). Die Schriftzeichen enthalten eine Grundkomponente zusammengesetzt aus mehreren Strichen, den sogenannten *Radikal*, der auf eine allgemeine Weise eine Vorstellung von der Bedeutung gibt. Die Schriftzeichen geben jedoch nicht die Lautung an (bis auf einige Schriftzeichen, die eine ungefähre Aussprache angeben). Die chinesischen Schriftzeichen lassen sich in drei „Gruppen" einteilen: **die Piktogramme, die Ideogramme und die Phonogramme**.

Piktogramme sind eine bildliche Darstellung der Wirklichkeit. Das Schriftzeichen 山 (shān: *Berg*) stellt tatsächlich drei Bergspitzen dar.

Ideogramme sind eine Zusammensetzung von zwei Elementen, das heißt von zwei Radikalen, und geben auf bildhafte und oft poetische Weise den Sinn des Schriftzeichens wieder. *Tag* 日 + *Mond* 月 = 明: *míng: Klarheit.*

Phonogramme bestehen aus einem Sinnbestandteil und einem Lautbestandteil (selbst wenn heutzutage diese Lautung dazu neigt, von der aktuellen Aussprache abzuweichen).

- **Die Töne**
  Chinesisch ist eine Tonsprache. Es gibt vier Töne. Dies bedeutet, dass man je nach Ton für ein und dasselbe Phonem mindestens vier verschiedene Wörter ausdrücken kann. Daher die Wichtigkeit der Töne, wenn man von einem Gesprächspartner verstanden werden möchte. Die Töne stehen über den Vokalen mit vier ihnen entsprechenden Zeichen.

Erster Ton	ā	gleichbleibend hoher Ton
Zweiter Ton	á	ansteigender Ton
Dritter Ton	ǎ	fallender und steigender Ton
Vierter Ton	à	fallender Ton (von hoch nach tief)
Beispiele	Mā	妈: Mama
	Má	麻: Leinen
	Mǎ	马: Pferd
	Mà	骂: beschimpfen

Versuchen Sie es:
Mama beschimpft das Pferd: māma mà mǎ! 妈妈骂马!

- **Aussprache und Lautumschrift des Chinesischen**
  Die in diesem Buch verwendete Transkription ist die offizielle Lautumschrift für das Chinesische in der Volksrepublik China, das *Pinyin*. Wer in China Geschäfte machen möchte, für denjenigen ist die Beherrschung des *Pinyin* unausweichlich. Das *Pinyin* wird in allen Reiseführern, Wörterbüchern, Unterrichtswerken und auf Straßenschildern verwendet. Untenstehend finden Sie eine Tabelle mit Entsprechungen, die Ihnen das Erlernen des *Pinyin* erleichtert. Wenn das Erlernen des *Pinyin* auf den ersten Blick auch trocken erscheinen mag, so ist dessen Erwerb auf längere Sicht ein nicht zu unterschätzender Zeitgewinn.

- **Lautumschrift**
  Im *Pinyin* werden alle Vokale ausgesprochen. Ebenso die Kombinationen von Vokalen. In der Tabelle mit den Entsprechungen für die Transkription ist zu beachten, dass das *Pinyin* nicht immer wie im Deutschen ausgesprochen wird. Aufgepasst! Manche Laute sind im Deutschen nicht vorhanden. Dies ist der Fall bei den Konsonanten j, q, x, zh, ch, p, t, k, h.

▪ Aussprache

Die chinesische Sprache hat behauchte Konsonanten. Sie werden mit einem „'" markiert.

Machen Sie folgende Übung: Halten Sie ein Blatt vor Ihren Mund. Beim deutschen „t" bewegt sich das Blatt nicht. Wenn Sie das chinesische „t" aussprechen, muss ein starker Luftstrom das Blatt bewegen!

BUCHSTABE	ENTSPRECHUNG	BEISPIEL	ANMERKUNG
b	**B**all	bā	
p	**p**arken	péi	stark behaucht
m	**M**utter	mò	
f	**f**ahren	fā	
d	**D**onner	duō	
t'	**t**urnen	tā	stark behaucht
n	**N**ot	nǐ	
l	**l**os	lán	
g	**G**ast	gāi	
k'	**k**alt	kē	stark behaucht
h	wie in au**ch**, nur etwas schwächer	hái	
j	ähnlich wie engl. **J**eep	jiē	stimmhaft
q	**tj**a	qián	stark behaucht
x	mi**ch**	xiān	ähnlich dem deutschen ß
zh	**Dsch**ungel	zhaō	stimmhaft, sehr weich gesprochen
ch	ri**tsch**-ratsch	chángcháng	stark behaucht
sh	**Sch**laf!	shì	
r	wie engl. **r**ed	rén	ähnlich dem englischen r
z	Englisch: rea**ds**	zaì	d + stimmhaftes s
c'	**K**atze	cǎo	t + stimmloses s aber stärker behaucht
s	Mau**s**	sān	
y	**j**agen	yǎn	
w	**W**alkman	wèn	ähnlich dem englischen w
a	B**a**hn	tā	

o	Motor	mò	geschlossenes o
e	beginnen	zhè	eher ähnlich dem deutschen ä
i		zhi	nach z, c, s, zh, ch, sh, r, wie das i in Geschirr
i	mir	nǐ	
u	Luft	lù	
ü	lügen	ü	
er	Mörder	èr	
ai	Mai	hái	
ei	Mailbox	méi	
ao	ählich wie engl. now	hǎo	
ou	ähnlich wie engl. to go	dōu	zwischen o und u im Deutschen
an	anfangen	sǎn	
en	Sachen	wén	
ang	Hang	wàng	
eng		zhèng	offenes o + ng
ong	Meinung	zhōng	
ia	asiatisch	jiā	
ie	Yeti	jiē	
iao	miauen	qiǎo	
iu	Jo-Jo	jiǔ	
ian	Yen	tiān	
in	in	qīn	
iang	Yin und Yang	liáng	
ing	Pingpong	tīng	
iong	jung	xióng	i + on + g
ua	Guatemala	huà	
uo	Wall Street	guó	
uai	wie engl. why	kuài	u + a + j
uan	Ruanda	yuán	u + an
un		cùn	
uang		zhuàng	u + ang
üe			ü + französisches é
üan			ü + an
ün	kühn		

- **Silbenkombinationen**

  Es gibt ungefähr 400 mögliche Silbenkombinationen aus Konsonanten und Vokalen (zahlreiche Homonyme). In der nachfolgenden Tabelle der Phoneme stehen die Kombinationsmöglichkeiten aus Konsonanten und Vokalen. Das Feld bleibt leer, wenn keine Kombination möglich ist. (Die Kombinationen Konsonant + Vokal + Vokal, wie zum Beispiel *qiong* werden nicht aufgeführt.)

	a	o	e	-i	ai	ei	ao	ou	an	en	ang	eng	ong
	a	o	e		ai	ei	ao	ou	an	en	ang	eng	
b	ba	bo		bi	bai	bei	bao		ban	ben	bang	beng	
p	pa	po		pi	pai	pei	pao	pou	pan	pen	pang	peng	
m	ma	mo	me	mi	mai	mei	mao	mou	man	men	mang	meng	
f	fa	fo				fei		fou	fan	fen	fang	feng	
d	da		de	di	dai	dei	dao	dou	dan		dang	deng	dong
t	ta		te		tai		tao	tou	tan		tang	teng	tong
n	na		ne	ni	nai	nei	nao	nou	nan	nen	nang	neng	nong
l	la		le	li	lai	lei	lao	lou	lan		lang	leng	long
z	za		ze	zi	zai	zai	zao	zou	zan	zen	zang	zeng	zong
c	ca		ce	ci	cai		cao	cou	can	cen	cang		cong
g	ga		ge		gai	gei	gao	gou	gan	gen	gang	geng	gong
h	ha		he		hai	hei	hao	hou	han	hen	hang	heng	hong
k	ka		ke		kai		kao	kou	kan	ken	kang	keng	kong
r			re				rao	rou	ran	ren	rang	reng	rong
s	sa		se						san	sen	sang	seng	song
w	wa	wo			wai	wei			wan	wen	wang		
y	ya		ye	yi			yao	you	yan		yang		yong

- **Grundbegriffe der Grammatik**

  ▸ Die Wörter bleiben unverändert, unabhängig von ihrer grammatischen Kategorie.

  ▸ Die Substantive haben weder Geschlecht noch Zahl, noch Artikel.

  ▸ Zahlangaben: Eine Besonderheit des Chinesischen besteht darin, dass bei einer Zahlangabe ein **Zähleinheitswort** vor das Substantiv gestellt wird. Dazu werden die Substantive in Kategorien eingeteilt. (Alle flachen und langen Gegenstände haben dasselbe Zähleinheitswort, ebenso Tiere usw.). Es gibt ungefähr 40 verschiedene Zähleinheitswörter, die auswendig gelernt werden sollten. Im Zweifelsfall wird das häufigste Zähleinheitswort benutzt (für Gegenstände und Personen): 个: gè.

  ▸ **Verben werden nicht konjugiert.**

Ich trinke gern Tee.	我爱喝茶	wǒ ài hē chá
Du trinkst gern Tee.	你爱喝茶	nǐ ài hē chá
Wir trinken gern Tee.	我们爱喝茶	wǒ mén ài hē chá

  ▸ **Die Wortstellung im Satz ist einer festen Ordnung unterworfen.**

  · Subjekt + Verb + Ergänzung:
  er | kauft | Pferd 他卖马: tā mǎi mǎ: *Er kauft ein Pferd.*

  · Das Adjektiv steht vor dem Substantiv und nach dem Zähleinheitswort:

  Adjektiv + Substantiv: *gut | Pferd*
  好马: *ein gutes Pferd:* hǎo mǎ

  Adverb + Verb: *früh | aufstehen*
  早起: *früh aufstehen:* zǎoqǐ

1 Unser Unternehmen wurde 1998 gegründet.

2 Die Muttergesellschaft befindet sich in Peking.

3 Unser Betrieb möchte eine Filiale in Berlin / Peking errichten.

4 Unser Unternehmen stellt elektronische Produkte her.

5 Wir sind in China das führende Unternehmen in der Papierbranche.

6 Dieses Jahr beschäftigen wir 650 Mitarbeiter.

7 Weltweit haben wir drei Zweigniederlassungen und zehn Fabriken.

8 Unser Mitarbeiterstab arbeitet mit Deutschland.

9 Wir haben ein Projekt, um unseren deutschen Markt zu erweitern.

10 Viele chinesische Unternehmen sind für eine Zusammenarbeit mit dem Ausland aufgeschlossen.

11 Unser Ziel besteht darin, den Export / den Import zu erweitern.

12 Unser Jahresumsatz beträgt ungefähr ...

13 Wir beabsichtigen, die Zusammenarbeit mit Berlin / Peking zu verstärken.

14 Wir verpflichten uns dazu, ein Umweltschutzprojekt zu entwickeln.

1 我们的企业成立于1998年。
Wǒ mén de qǐ yè chéng lì yú 1998 nián.

2 母公司在北京。
mǔ gōng sī zài běi jīng.

3 我们公司要在柏林/北京设立子公司。
Wǒ mén gōng sī yào zài bó lín/běi jīng shè lì zǐ gōng sī.

4 我们公司制造电器。
wǒ mén gōng sī zhì zào diàn qì.

5 我们公司是中国最大的造纸商之一。
wǒ mén gōng sī shì zhōng guó zuì dà de zào zhǐ shāng zhī yī.

6 我们公司今年有650名员工。
wǒ mén gōng sī jīn nián yǒu 650 míng yuán gōng.

7 我们在全世界有三个分工司和十个工厂。
wǒ mén zài quán shì jiè yǒu sān gè fēn gōng sī hé shí gè gōng chǎng.

8 我们负责对德国的业务。
wǒ mén fù zé duì dé guó de yè wù.

9 我们有一个扩大德国市场的计划。
wǒ mén yǒu yí gè kuò dà dé guó shì chǎng de jì huà.

10 很多中国公司都开展了同国外合作。
hěn duō zhōng guó gōng sī dōu kāi zhǎn le tóng guó wài hé zuò.

11 我们的目标是扩大出口 / 进口。
wǒ mén de mù biāo shì kuò dà chū kǒu / jìn kǒu.

12 每年营业额为… 元左右。
měi nián yíng yè é wéi… … yuán zuǒ yòu.

13 我们打算加强同柏林/北京的合作。
wǒ mén dǎ suàn jiā qiáng tóng bó lín/běi jīng de hé zuò.

14 我们保证实行保护环境计划。
wǒ mén bǎo zhèng shí xíng bǎo hù huán jìng de jì huà.

15 Die Staatsbetriebe öffnen sich allmählich dem Markt.

16 Die großen Betriebe sind im Besitz eines großen Teils der Aktiva.

17 Die Rendite der Aktiva sinkt / steigt.

18 Wir sind der Meinung, dass die mittelgroßen defizitären Betriebe schnell aus dieser Situation herauskommen sollten.

19 Unser Generaldirektor bereitet ein wichtiges Investitionsprojekt in der Provinz Yunnan vor.

20 Wir sind auf Kernforschung spezialisiert.

21 In den letzten Jahren arbeiten viele Betriebe mit China zusammen.

22 Wir exportieren Produkte in etwa zehn Länder.

23 Wir sind in ganz China angesiedelt.

24 Wir arbeiten mit den Provinzen Hebei und Xinjiang zusammen.

25 Für dieses Produkt sind wir der größte chinesische Hersteller.

26 Wir verkaufen hauptsächlich in Guangdong (Kanton) und im Süden von China.

27 Wir verwenden ausschließlich wiederverwertbare Produkte.

28 Unseren besten Umsatz machen wir in Australien.

29 Unser Umsatz steigt deutlich.

15 国企逐步走向市场。
guó qǐ zhú bù zǒu xiàng shì chǎng.

16 大企业资产量大。
dà qǐ yè zī chǎn liàng dà.

17 资产运营下降 / 提高。
zī chǎn yùn yí xià jiàng / tí gāo.

18 我们相信中型亏损企业会很快地走出困境。
wǒ men xiāng xìn zhōng xíng qǐ yè huì hěn kuài de zǒu chū kùn jì.

19 我们总经理计划在云南进行大型投资计划。
wǒ men zǒng jīng lǐ jì huà zài Yún Nán jìn xíng dà xíng tóu zī jì huà.

20 我们专门研究核物理。
wǒ men zhuān mén yán jiū hé wù lǐ.

21 这几年来，很多公司都开展了与中国的合作。
zhè jǐ nián lái, hěn duō gōng sī dōu fā zhǎn le yǔ zhōng guó de hé zuò.

22 我们对十几个国家出口。
wǒ men duì shí jǐ gè guó jiā chū kǒu.

23 我们在全中国都有公司。
wǒ men zài quán zhōng guó dōu yǒu gōng sī.

24 我们与河北省和新疆合作。
wǒ men yǔ Hé Běi shěng hé Xīn Jiāng hé zuò.

25 我们是此产品最大的中国生产商。
wǒ men shì cǐ chǎn pǐn zuì dà de zhōng guó shēng chǎn shāng.

26 我们主要在广东和中国南方销售。
wǒ men zhǔ yào zài Guǎng Dōng hé zhōng guó nán fāng xiāo shòu.

27 我们只使用可回收材料。
wǒ men zhǐ shǐ yòng kě huí shōu cái liào.

28 我们在澳大利亚销售最好。
wǒ men zài ào dà lì yà xiāo shòu zuì hǎo.

29 我们的销售大幅度提高。
wǒ men de xiāo shòu dà fú dù tí gāo.

1 *an, in, zu* (als **Zeitangabe**) 于: yú bedeutet *an, in, zu*. Synonym für 在: zài. Im Allgemeinen wird 于 benutzt und nicht 在, wenn man das Jahr angeben will. Beispiel: 生于1937年: shēng yú 1937 nián: *im Jahr 1937 geboren sein.*

2 *an, in, zu* (als **Ortsangabe**) 在: zài: Wenn es sich um eine Ortsangabe handelt, kann man auch 在: zài verwenden. In diesem Fall ist 于 eher schriftsprachlich.

3 **das Verb** 要: yào: Das Verb 要 *wollen* dient dazu, das Futur auszudrücken. Das Verb 要 bedeutet: **1.** brauchen (需要: xū yào): *Ich brauche eine Mundharmonika:* 我需要一个口琴: wǒ xū yào yī gè kǒu qín. **2.** verlangen: *Die Begleichung einer Schuld verlangen:* 要账: yào zhàng. **3.** wünschen, wollen: 他要学汉语: tā yào xué hàn yǔ: *Er will Chinesisch lernen.* **4.** müssen, man muss: 路很滑, 大家要小心: lù hěn huá, dà jiā yào xiǎo xīn: *Vorsicht, die Straße ist rutschig, man muss achtgeben.*

4 **Nahe Zukunft** = werden + Infinitiv. *Es wird regnen:* 要下雨了: yào xià yǔ le. ❖ Wenn, angenommen, dass: *Wenn es morgen regnet, gehe ich morgen nicht hin:* 明天要下雨, 我就不去: míng tiān yào xià yǔ le, wǒ jiù bù qù. ❖ entweder ... oder: *Entweder werden wir nach Deutschland fahren oder nach China:* 要我们去德国, 要我们去中国: yào wǒ men qù dé guó, yào wǒ men qù zhōng guó.

6 **Superlativ** ... 最 ... 的 ... 之一 zuì: 最: zui: *der/die/das ...ste, sehr.* 最好: zuì hǎo: *das Beste.* 之一: zhī yī: *der Erste:* 之 entspricht im Klassischen Chinesisch 的 (drückt ein Besitzverhältnis aus) und verbindet das Eigenschaftswort mit dem näher bestimmten Substantiv.

7 及: jí: **und, sowie**, nebenordnende Konjunktion, die ausschließlich Substantive und Ausdrücke verbindet. Gibt es ein oder mehrere Substantive unterschiedlicher Wichtigkeit, so werden sie dem Substantiv mit der geringeren Bedeutung vorangeordnet.

8 对 duì: 我对您说: wǒ duì nín shuō: *Ich spreche mit Ihnen.*

9 **Subjekt am Satzende**: 一个 + Ergänzung + 的 + Subjekt.

10 多: duō: **viele, zahlreiche**: 很多人: hěn duō rén: *viele Leute.* ❖ Mehr: 一个多月: yī gè duō yuè: *mehr als einen Monat.* ❖ viel mehr, besser: 病人今天好多了: bìng rén jīn tiān hǎo duō le: *Dem Kranken geht es heute besser.* ❖ Zu viel: *Ich habe*

10 Karten zu viel: 我多了10 张票: *wǒ duō le shí zhāng piào.*
❖ 很多... 都: *dōu: alle.* In einem Satz, der mit 很多 anfängt, steht vor dem Verb 都.

12 每: *měi*: **jeder, jede, jedes, alle**: 每年: *měi nián: jedes Jahr.* 每个月: *měi gè yuè: jeden Monat.* 每个星期: *měi gè xīng qī: jede Woche.* 每周一次: *měi zhōu yī cì: einmal pro Woche.* ❖ 左右: *zǒu yòu: ungefähr* (左: *links,* 右: *rechts*). ❖ oft, häufig: *Jedesmal, wenn er eine Bäckerei betritt, kauft er viele Kuchen:* 他每一次进面包点都要买很多点心: *tā měi yī cì jìn miàn bāo diàn dōu yāo mǎi hěn duō diǎn xīn.* Merken Sie sich den Gebrauch von 都 vor dem Verb (siehe Anm. 10).

13 打算: *dǎ suàn:* **vorhaben, etwas zu tun**: 毕业后, 我打算去德国: *bì yè hòu wǒ dǎsuàn qù dé guó: Wenn ich einmal mein Diplom bestanden habe, habe ich vor, nach Deutschland zu fahren.*

14 保证: *bǎo zhèng:* **sich verpflichten, etwas zu tun**: 保证: *bǎo zhèng: sich verpflichten.* 保证完成任务: *bǎo zhèng wán quán rènwu: sich verpflichten, etwas zu beenden.* ❖ gewähren: 好广告是我们成功的保证: *hǎo guǎng gào shì wǒ men chéng gōng de bǎo zhèng: Eine gute Werbung gewährleistet unseren Erfolg.*

15 走: *zóu:* **1. schreiten, gehen. 2. gehen, sich fortbewegen.** 走向: *zóu xiàng: Orientierung, Richtung, Trend.*

18 **glauben, denken:** 认为: *rèn wéi: glauben, sich auf jemanden oder auf etwas verlassen, Vertrauen haben.* 我认为他有能力: *wǒ rèn wéi tā yǒu néng lì: Ich halte ihn für fähig, zu ...* ❖ 以为: *yī wéi: (zu Unrecht) glauben* ❖ 相信: *xiāng xìn: glauben, überzeugt sein, Vertrauen haben.* ❖ 我相信这个事情会成功: *wǒ xiāng xìn zhè gè shìqing huì chéng gōng: Ich bin überzeugt, dass es klappen wird.*

19 **Zeitangabe:** 这几年来: *zhè jǐ nián lái* (这: *dies* • 几: *einige* • 年: *Jahre* • 来: *seit*). Wenn 来 nach einem Verb steht, bedeutet das eine Bewegung in Richtung des Erzählers. *Komm:* 过来; *quò lái.* Steht 来 nach dem Verb, kann dadurch auch ein Ereignis ausgedrückt werden.

21 **Spezialgebiet:** 专门: *zhuān mén* (Adj.) *speziell, Spezial-, Fach-,* (Substantiv) *spezielle Kenntnisse:* 一专多能: *yī zhuān duō néng: Spezialist auf einem Gebiet und gut in vielen anderen sein.*

1 Die Arbeitsteilung ist klar definiert, jeder hat eine spezielle Verantwortung.

2 Seitdem unser neuer Direktor / unsere neue Direktorin da ist, haben sich unsere Geschäfte deutlich verbessert.

3 Die Berater unseres Unternehmens sind sehr vorausschauend.

4 Darf ich Ihnen Ihren neuen Arbeitsplatz zeigen?

5 Ich stelle Ihnen Ihre Assistentin, Fräulein Li, vor.

6 Fräulein Li, die drei Jahre Deutsch studiert hat, wird auch Ihre Dolmetscherin sein.

7 Das ist der Grund, warum ich mich für sie als meine Assistentin entschieden habe.

8 Herr Wang ist der Vertreter unserer Gesellschaft im Ausland.

9 Fräulein Li hat heute frei.

10 Ihr Teamleiter heißt Herr / Frau Cao.

11 Ich heiße XXX und kümmere mich um den Export.

12 Unser neuer Praktikant / Unsere neue Praktikantin kümmert sich um den Kundenservice.

13 Um Steuerangelegenheiten kümmert sich meine Kollegin Frau Xu.

14 Ich gebe Ihnen zuerst meine Visitenkarte.

15 Warten Sie bitte einen Augenblick im Besprechungsraum.

1 分工明确，各有专责。
   fēn gōng míng què, gè yǒu zhān zé.

2 新总经理到公司后, 事情有了转机。
   xīn zǒng jīng lǐ dào gōng sī hòu, shì qíng yǒu le zhuǎn jī.

3 我们公司的顾问都很敏锐。
   wǒ men gōng sī gù wèn dōu hěn mǐn ruì.

4 请先看看您新工作的地点。
   qǐng xiān kàn kàn nín xīn gōng zuò de dì diǎn.

5 我 给您介绍您的助理，李小姐。
   wǒ gěi nín jiè shào nín de zhù lǐ, Lǐ xiǎo jiě.

6 李小姐学了三年的德语，她也是您的翻译。
   Lǐ xiǎo jiě xué le sān nián de dé yǔ, tā yě shì nín de fān yì.

7 正因为如此，我才选她做我的助理。
   zhèng yīn wéi rú cǐ, wǒ cái xuǎn tā zuò wǒ de zhù lǐ.

8 王先生是我们公司的驻外代表。
   Wáng xiān shēng shì wǒ men gōng sī de zhù wài dài biǎo.

9 李小姐今天休息。
   Lǐ xiǎo jiě jīn tiān xiū xī.

10 你们组的任负责人姓曹。
   nǐ men zǔ de fù zé rén xìng Cáo.

11 我叫 XXX, 我负责出口业务。
   wǒ jiào xxx, wǒ fù zé chū kǒu yè wù.

12 我们新来的实习生负责售后服务。
   wǒ men xīn lái de shí xí shēng fù zé shòu hòu fú wù.

13 税务由我的同事徐女士负责。
   shuì wù yóu wǒ de tóng shì Xú nǚ shì fù zé.

14 先给您我的名片。
   xiān gěi nín wǒ de míng piàn.

15 请您在会议室稍等。
   qǐng nín zài huì yì shì shāo děng.

16 Guten Tag, ich bin Ihr neuer Chef.

17 Ich möchte gerne den ganzen Mitarbeiterstab kennenlernen.

18 Ich bin sicher, dass wir gut zusammenarbeiten werden.

19 Mein Dolmetscher wird Ihnen sämtliche Fachbegriffe ins Chinesische übersetzen.

20 Ich möchte Ihnen den deutschen Mitarbeiterstab vorstellen.

21 Ich möchte Ihnen auch meine Kollegen vorstellen.

22 Wir wollen den Teamgeist bewahren.

23 Ihre Arbeitszeiten ändern sich nicht.

24 Sonntags arbeiten wir nicht.

25 Im Oktober haben Sie wegen des Nationalfeiertags eine Woche frei.

26 Jeden Montagmorgen wird die Tagesordnung besprochen.

27 Unser Team trifft sich jeden Freitagnachmittag, um die auf der Tagesordnung stehenden Fragen zu besprechen.

28 Wir müssen einen Leiter für dieses Projekt bestimmen.

29 Der Direktor hat andere Maßnahmen angekündigt.

30 Ich heiße Sie in unserem Betrieb willkommen.

16 大家好，我是你们的新老板。
dà jiā hǎo, wǒ shì nǐ mén de xīn lǎo bǎn.

17 我很希望认识团队的每一位成员。
wǒ hěn xī wàng rèn shí tuán duì de měi yī wèi chéng yuán.

18 我相信我们会合作得很好。
wǒ xiāng xìn wǒ men huì hé zuò de hěn hǎo.

19 我的翻译会把所有的专业术语翻成汉语。
wǒ de fān yì huì bǎ suǒ yǒu de zhuān yè shù yǔ fān chéng hàn yǔ.

20 我想给你们介绍德方成员。
wǒ xiǎng gěi nǐ men jiè shào dé fāng chéng yuán.

21 我还想给你们介绍我的同事。
wǒ hái xiǎng gěi nǐ men jiè shào wǒ de tóng shì.

22 我们要保持团队精神。
wǒ men yào bǎo chí tuán duì jīng shén.

23 你们的工作时间没有改变。
nǐ men de gōng zuò shí jiān méi yǒu gǎi biàn.

24 周日休息。
zhōu rì xiū xī.

25 十月份国庆节放假一个星期。
shí yuè fèn guó qìng jié fàng jià yí gè xīng qī.

26 每星期一早上，要讨论议事日程。
měi xīng qī zǎo shàng, yào tǎo lùn yì shì rì chéng.

27 我们组每周五下午开会，讨论工作上的问题。
wǒ men zǔ měi zhōu wǔ xià wǔ kāi huì, tǎo lùn gōng zuò shàng de
wèn tí.

28 我们应该指定这个项目的负责人。
wǒ men yīng gāi zhè gè xiàng mù de fù zé rén.

29 公司总经理宣布了其它措施。
gōng sī zǒng jīng lǐ xuān bù le qí tā cuò shī.

30 欢迎到我们公司工作。
huān yíng dào wǒ men gōng sī gōng zuò.

2 **Verben der Fortbewegung**: 到… 来: dào… lái: *kommen*:
Ich bin in China, ich fahre nach Deutschland = Entfernung
= 去qù: 我去德国: wǒ qù dé guó: *Ich fahre nach Deutschland*
(gleichbedeutend mit 我到德国去: wǒ dào dé guó qù). *Ich bin
in Deutschland, ich fahre nach China*: 我去中国: wǒ qù zhōng
guó. 我到中国去: wǒ dào zhōng guó qù: *Ich bin im Büro, ich lade
einen Kollegen ein, mich zu besuchen. Ich sage ihm*: 你今天能到
公司来吗? nǐ jīn tiān néng dào gōng sī lái ma?

3 **Besitzverhältnis**: Ein Besitzverhältnis wird durch das Wort 的
ausgedrückt. 我的书: wǒ de shū: *mein Buch*. Meistens wird für
Ausdrücke wie *mein Vater, mein Unternehmen* 的 weggelassen.

4 **Höflichkeitsform**: Das Chinesische unterscheidet zwischen
du und *sie* in der dritten Person Singular mit Hilfe von 你: nǐ
und von 您: nín. ❖ 请: qǐng wird oft in der Bedeutung: *bitte …*
gebraucht und steht immer am Satzanfang. 请您再说一边: qǐng
nín zài shuō yī biàn: *Könnten Sie das bitte wiederholen?*

5 **Bekannt machen**: *vorstellen*: 介绍: jiè shào ❖ 给: gěi + *jeman-
den* + 介绍. 我来介绍吧: wǒ lái jièshào ba: *Lassen Sie mich bitte
miteinander bekannt machen.*

6 **Zeitangaben**: Die Zeitangabe wird zwischen das Verb und seine
Ergänzung gesetzt, vor der 的: de steht, wenn sie ein Substantiv
ist. *Ich habe 10 Jahre lang Chinesisch gelernt:* 我学了10年的汉语:
wǒ xué le shí nián de hàn yǔ.

7 **Einschränkung**: a. 才: cái: *nur / erst* … dieser Satz stammt aus der
chinesischen Schriftsprache. b. 才: cái bedeutet hier und nur in die-
sem Kontext *erst wenn*. ❖ *Ich werde das Büro erst verlassen können,
wenn du angekommen bist*: 你来之后我才可以走: nǐ lái zhī hòu wǒ
cái kěyǐ zóu. 之后… 才: *erst etwas tun können, nachdem …*

8 **Das Verb *sein*** 是: shì: 他是老师: tā shì lǎo shī: *Er ist Lehrer*. 他不
是老师: tā bù shì lǎo shī: *Er ist kein Lehrer*.

9 **Zeitangabe (Präsens/Futur)**: Die Zeitangabe steht oft nach dem
Subjekt. Sie gibt im Allgemeinen die Zeit des Satzes an. Vergessen
Sie nicht „*morgen*" zu sagen, wenn Sie im Futur sprechen.

12 **Stellung des Subjekts im Satz**: Das Subjekt wird gewöhnlich
mit Hilfe von 的 an das Satzende gesetzt. In diesem Fall stehen
die Adjektive am Satzanfang.

18 **Das Futur**: 将来: jiāng lái drückt den Begriff des Futurs aus. Auf diesen Ausdruck folgt oft 会: huì *eine Behauptung, Versicherung*.

19 把: bǎ ist eine grammatikalische Partikel, die dazu dient, einen Gegenstand zu betonen und ihn folglich an den Satzanfang zu stellen. Die Objektergänzung steht also vor dem Verb. 我会把书给你: wǒ huì bǎ shū gěi nǐ: *Ich werde dir das Buch geben*.

26 先: xiān: *zuerst* (后: hòu: *dann*). 我先去巴黎，后去伦敦: wǒ xiān qù bā lí hòu qù lúndūn: *Ich fahre zuerst nach Paris und dann nach London*.

27 *Auf der Tagesordnung stehende Fragen* wird übersetzt, indem man 上: shàng hinzufügt. Dies trifft für viele Sätze im Chinesischen zu.

GRAMMATIK
FRAGESÄTZE

Im Chinesischen gibt es mehrere Möglichkeiten, Fragen zu stellen:

- Eine **Alternativfrage** wird gebildet, indem man das Verb mit der vorangestellten Negation 不 (没: méi für das Verb *haben*) verbindet.

Gibt es?	有没有?	yǒu méi yǒu?
Nicht wahr?	是不是?	shì bù shì?

- **Gebrauch der Fragepartikel** 吗: ma

Die Fragepartikel 吗: ma steht am Satzende und zeigt an, dass es sich um eine Frage handelt.

Du trinkst gern Tee.	你爱喝茶.	nǐ ài hē chá.
Trinkst du gern Tee?	你爱喝茶吗?	nǐ ài hē chá ma?

WORTSCHATZ: DAS UNTERNEHMEN

der/die Angestellte	业务员	yè wù yuán
Anlagevermögen	固定资产	gù dìng zī chǎn
die Belegschaft eines Unternehmens	某企业的职工总数	mǒu qǐ yè de zhí gōng zǒng shù
Buchhaltung	财务部	cái wù bù
Durchschnittsgewinn	平均利润	pín jūn lì rùn
Eigenkapital	净资产	jìng zī chǎn
Einlagevermögen	无形资产	wú xíng zī chǎn
Exportabteilung	出口部	chū kǒu bù
Führungskräfte	企业的负责人	qǐ yè de fù zé rén
gemischte Unternehmens-form	合作企业	hé zuò qǐ yè
Gewinn	利润, 赢利	lì rùn yíng lì
Joint Venture	合资企业	hé zī qǐ yè
Klein- und Mittelbetriebe (KMB)	中小企业	zhōng xiǎo qǐ yè
Nettogewinn	纯利润	chún lì rùn
den Personalbestand festlegen	确定人数	què dìng rén shù
Privatunternehmen	私营企业	sī yǒu qǐ yè
Rechtsabteilung	法律事务部	fǎ lü` shì wù bù
Rohgewinn	毛利	máo lì
Staatsunternehmen	国有企业	guó yǒu qǐ yè
Umlaufvermögen	流动资产	liú dòng zī chǎn
Unternehmen mit ausschließlich ausländischem Kapital	外国独资企业	wài guó dú zī qǐ yè
volle Belegschaft haben	满员	mǎn yuán

WORTSCHATZ: DIE BELEGSCHAFT

Assistent(in)	助手，助理	zhù shǒu, zhù lǐ
Aufsichtsrat	董事会	dǒng shì huì
der/die Aufsichtsrats-vorsitzende	董事会主席	dǒng shì huì zhǔ xí
Belegschaft	员工	yuán gōng
Berater(in)	顾问	gù wèn
Betriebsleiter(in)	主管	zhǔ guǎn
Direktor(in)	经理	jīng lǐ
Dolmetscher(in)	翻译	fān yì
Fachkräfte	专业人员	zhuān yè rén yuán
Fahrer(in)	司机	sī jī
Generaldirektor(in)	总经理	zǒng jīng lǐ
Praktikant(in)	实习生	shí xí shēng
Präsident(in)	总裁	zǒng cái
Sekretär(in)	秘书	mì shū
Team	团队	tuán duì
der/die Verantwortliche	负责	fù zé
Verwaltungsrat	常务董事	cháng wù dǒng shì
der/die Vorstands-vorsitzende	董事长	dǒng shì zhǎng

1 Der Direktor / Die Direktorin besitzt die Mehrheit des Betriebs-kapitals.

2 Eine Gruppe von Bauunternehmern hat gerade ein Angebot unterbreitet.

3 Das ist ein sehr interessantes Angebot.

4 Der B-Konzern möchte das Unternehmen des A-Konzerns kaufen.

5 Die Geschäftsführung dieses Betriebs ist tadellos.

6 Die Gesellschaft A besitzt 60% vom Kapital der Gesellschaft B.

7 Unser Betrieb wird an der Börse notiert.

8 Wir müssen Kapital beschaffen.

9 Leider haben nur wenige Aktionäre an der jährlichen Versamm-lung teilnehmen können.

10 Jede(r) von ihnen wird einen Ausdruck der Bilanz bekommen.

11 Wir sind auf der Suche nach chinesischen Investoren.

12 Wie hoch sind die Prozentsätze der Finanzierung?

13 51 % für die chinesische Seite und 49 % für die deutsche Seite.

14 Unsere Gesellschaft hat schon 26 Millionen Euro investiert.

15 Eine Verhandlung ist immer möglich.

1 经理持有企业大部分资产。
jīng lǐ chí yǒu qǐ yè dà bù fēn zī chǎn.

2 建筑集团刚刚提出了一个建议。
jiàn zhù jí tuán gāng gāng tí chū le yí gè jiàn yì.

3 这是一个非常便宜的价格。
zhè shì yí gè fēi cháng pián yì de jià gé.

4 B集团希望收购A集团的企业。
B jí tuán xī wàng shōu gòu A jí tuán de qǐ yè.

5 企业的管理无可非议。
qǐ yè de guǎn lǐ wú kě fēi yì

6 A公司拥有B公司60％的资产。
A gōng sī yōng yǒu B gōng sī bǎi fēn zhī liù shí de zī chǎn.

7 我们的企业已经上市了。
wǒ men de qǐ yè yǐ jīng shàng shì le.

8 我们要寻找资金。
wǒ men yào xún zhǎo zī jīn.

9 可惜只有极少数股东能来参加年会。
kě xī zhǐ yǒu jí shǎo shù gǔ dōng néng lái cān jiā nián huì.

10 每人都会得到一份总结报告。
měi rén dōu huì dé dào yí fèn zǒng jié bào gào.

11 我们公司正在找中国的投资商。
wǒ men gōng sī zhèng zài zhǎo zhōng guó de tóu zī shāng.

12 出资比率是多少 ？
chū zī bǐ lì shì duō shǎo?

13 中方51％，德方49％。
zhōng fāng bǎi fēn zhī wǔ shí yī, dé fāng bǎi fēn zhī sì shí jiǔ.

14 我们公司已投资了两千六百万欧元。
wǒ men gōng sī yǐ jīng tóu zī le liǎng qiān liù bǎi wàn ōu yuán.

15 如果有问题的话，还可以再商量。
rú guǒ yǒu wèn tí de huà, hái kě yǐ zài shāng liàng.

16 Ich bin Geschäftsmann und möchte ein Konto eröffnen.

17 Ich schlage Ihnen vor, ein Geschäftskonto / Girokonto zu eröffnen.

18 Die Dienstleistungs- und Bearbeitungsgebühren betragen 10 Euro.

19 Für unsere Transaktionskosten haben wir Ihr Konto mit 60 Renminbi belastet.

20 Die Bank of China (BOC) gewährt unserer Gesellschaft einen Kredit in Höhe von 15 000 Euro.

21 Der aktuelle Zinssatz beträgt 10 %.

22 Die Börse ist gestiegen.

23 Die Bank lässt keine Überziehung Ihres Kontos mehr zu.

24 Die Bank kann Ihnen das Darlehen, das Sie beantragt haben, nicht gewähren.

25 Sie haben Ihr Konto um mehr überzogen als von der Bank erlaubt.

26 Kann ich eine Überweisung tätigen?

27 Wir möchten eine Überweisung auf ein Konto im Ausland tätigen.

28 Zuerst müssen Sie dieses Formular ausfüllen.

29 Vergessen Sie nicht zu unterzeichnen.

16 我是做生意的，我想开户。
wǒ shì zuò shēng yì de, wǒ xiǎng kāi hù.

17 我建议您开一个商业账户 / 往来账户。
wǒ jiàn yì nín kāi yí gè shāng yè zhàng hù / wǎng lái zhàng hù.

18 服务费及手续费共10欧元。
fú wù fèi jí shǒu xù fèi gòng shí ōu yuán.

19 我们从您的账户上扣了60元人民币的交易费。
wǒ men cóng nín de zhàng hù shàng kòu le liù shí yuán rén mín bì de jiāo yì fèi.

20 中国银行同意拨给我们公司15 000欧元的贷款。
zhōng guó yín háng tóng yì bō gěi wǒ men gōng sī yì wàn wǔ qiān ōu yuán de dài kuǎn.

21 银行现在的利率是10％。
yín háng xiàn zài de lì lǜ` shì bǎi fēn zhī shí.

22 交易所行情看涨。
jiāo yì suǒ háng qíng kàn zhǎng.

23 银行不再允许您透支了。
yín háng bú zài yǔn xǔ nín tòu zhī le.

24 银行不同意您的贷款申请。
yín háng bù tóng yì nín de dài kuǎn shēn qǐng.

25 您的透支金额超过了银行的规定。
nín de tòu zhī jīn é chāo guò le yín háng de guī dìng.

26 能转账吗？
néng zhuǎn zhàng ma?

27 我们想给一个国外的账户汇款。
wǒmen xiǎng gěi yí gè guó wài de zhàng hù huì kuǎn.

28 您先要填写这个表格。
nín xiān yào tián xiě zhè gè biǎo gé.

29 请别忘了签字。
qǐng bié wàng le qiān zì.

1　大部分: dà bù fen: *der/die/das meiste, ein großer Teil.*

2　刚: gāng:

   1. *gerade noch, kaum, genau.* 这件毛衣我穿上刚好:
   zhè jiàn máo yī wǒ chuān gāng hǎo:
   Dieser Pullover steht mir sehr gut.

   2. *gerade, soeben.* 电影刚开始: diàn yǐng gāng kāi shǐ:
   Der Film hat gerade angefangen.

   3. *in diesem Augenblick, gerade in diesem Augenblick.*
   他刚要走 tā gāng yào zóu: *Er war dabei, aufzubrechen.*

   4. *gerade noch, kaum.* 刚够: gāng duō: *kaum ausreichend.*

3　非常: fēi cháng hat verschiedene Bedeutungen. Hier : *viel, sehr
stark, äußerst.* 非常 hat auch die Bedeutung von: *außerordent-
lich, außergewöhnlich* ❖ 非常时期: fēi cháng shí qī: *eine außerge-
wöhnliche Zeit.*

4　希望: xī wàng: bedeutet (als Verb): *hoffen, wünschen.* 他希望当
演员: tā xī wàng dāng yǎn yuán: *Er hofft, Schauspieler zu werden.*
Wird auch als Substantiv gebraucht und bedeutet *Hoffnung,
Erwartung, Wunsch.*

5　无可非议: wú kě fēi yì: *einwandfrei, tadellos.*
无: **1.** *nicht, ohne, un-, kein.* **2.** *ein x-beliebiger, ob ... oder.*

8　要: yào bedeutet hier 须要: xū yào: *benötigen.*

9　很可惜: *es ist schade* steht in der Regel am Satzende als alleinste-
hender Satz

11　正在: *gerade dabei sein, etwas zu tun.*
我正在写报告: wǒ zhèng zài xiě bào gào: *Ich bin gerade dabei,
den Bericht zu schreiben.*

12　*Wie viel* ist die Kombination aus *viel:* 多: duō und *wenig:* 少: shǎo.
是多少? shì duō shǎo: *Wie viel beträgt ...?* 多少钱? duō shǎo qián:
Wie viel kostet das? (Vorsicht: 多长时间: duō cháng shí jiān: *wie
lange* ❖ 长: cháng: lang). 还需要多长时间: hái xū yào duō cháng
shí jiān: *Wie lange dauert es noch?*

15　**Konditional**: 如果⋯ 的话: rú guǒ... de huà: Ausgedrückt wird
der Konditional durch 如: rú: *wie.* 如果: rú guǒ + Verb und
Ergänzung + 的话: de huà. 如果我去的话: rú guǒ wǒ qù de huà:
wenn ich hingehe.

18 **die Kosten**: 费用: feì yòng. 费: feì: (Substantiv) *Kosten,
   Unkosten, Ausgaben, Preis*; (Verb): *ausgeben, kosten*. Wenn man
   von Unkosten spricht, folgt 费 auf das Substantiv, das es näher
   bestimmt: 服务: fú wù +费 = *Dienstleistungskosten*.

19 从... cóng: *seit, von ... an, ab* wird gebraucht, um den Zeitpunkt
   des Anfangs anzugeben. 从今天开始: cóng jīn tiān kāi shǐ: *von
   heute an*. 从现在起: cóng xiàn zài qǐ: *von nun an*.

GRAMMATIK
DIE PARTIKEL 的: de

- **Ergänzung zum Substantiv, um ein Besitzverhältnis auszudrücken**

  Im Chinesischen gibt es kein Possessivpronomen. Das Besitzverhältnis wird ausgedrückt, indem nach dem Personalpronomen die grammatikalische Partikel 的 hinzugefügt wird.

  我+的 = *mein, meine*
  你+的 = *dein, deine*
  他+的 = *sein, seine* usw.

  我的书: wǒ de shū: *mein Buch*

  ▶ Bei Verwandtschaftsverhältnissen oder engen Beziehungen kann die Partikel 的 weggelassen werden.

- **Ein Wort, das ein anderes Wort näher bestimmt**

  Vor Wörtern, die als Ergänzung eines anderen Wortes dienen, steht die Partikel 的 wenn das erste Wort (oft ein Adjektiv) das zweite bestimmt (was im Deutschen oft einem Relativsatz entspricht). Folglich kann im Chinesischen das Subjekt am Satzende stehen: 一位很有文化的人: yī wèi hěn yǒu wén huà de rén: *ein gebildeter Mann = ein | Bildung haben | 的 | Mann.*

WORTSCHATZ FÜR DAS FINANZWESEN IM UNTERNEHMEN

Aktie	股票 / 股份	gǔ fèn / gǔ piào
Aktionär	股东	gǔ dōng
an der Börse notiert	上市的	shàng shì de
Dauerauftrag	经常性转账	jīng cháng xìng zhuǎn zhàng
Dividende	股息	gǔ xī
fusionieren	合并	hé bìng
Gesellschaftskapital	股本	gǔ běn
Inhaber einer Schuldver-schreibung	债券持有者	zhài quàn chí yǒu zhě
Kapitaleigner	持有者	chí yǒu zhě
Konsortium	集团	jí tuán
Kontokorrentkredit	经常性透支	jīng cháng xìng tòu zhī
Provision	佣金	yōng jīn
Rückkauf	收购	shōu gòu
Schuldverschreibung	债券	zhài quàn
Teilhaber werden	参股	cān gǔ
Transaktion	交易	jiāo yì
übernehmen	吸纳	xī nà
übertragbar	可谈判的	kě tán pàn de
Wandelschuldverschreibung	可以转换为股票的债券	kě yǐ zhuǎn huàn wéi gǔ piào de zhài quàn
Warenterminbörse	期货市场	qī huò shì chǎng
Wertpapier	证券	zhèng quàn
Wertpapierbörse	证券市场	zhèng quàn shì chǎng
Zinsen	利息	lì xī
Dauerauftrag	经常性转账	jīng cháng xìng zhuǎn zhàng

2 WIRTSCHAFT

1 Die Konjunktur ist günstig / schlecht.

2 Das Land macht eine Wirtschaftskrise durch.

3 Der Konjunkturaufschwung ist wirklich sichtbar.

4 In China steigt das Wirtschaftswachstum stark an.

5 Die Geschäfte florieren / stagnieren.

6 Die Produktionsquoten wurden nach oben / nach unten revidiert.

7 Die Nachfrage steigt an / geht zurück / sinkt / stockt.

8 Die Kaufkraft der Verbraucher nimmt zu.

9 Die Arbeitslosenquote steigt immer mehr.

10 Die Produktion ist um 5 % gestiegen.

11 Das Bruttosozialprodukt hat sich um 1 % erhöht.

12 Die Unternehmungsführung ist optimistisch.

13 Unsere Schätzungen müssen revidiert werden.

2 经济: jīng jì

1 经济形势良好/不利。
jīng jì xíng shì liáng hǎo / bù lì.

2 国家正在经历一场经济危机。
guó jiā zhèng zài jīng lì yì chǎng wēi jī.

3 经济正在复苏。
jīng jì zhèng zài fù sū.

4 中国经济正在迅猛增长。
zhōng guó jīng jì zhèng zài xùn měng zēng zhǎng.

5 商业前景繁荣 / 稳定。
shāng yè qián jǐng fán róng / wěn dìng.

6 生产定额曾达到高峰 / 低谷。
shēng chǎn dìng é céng dá dào gāo fēng / dī gǔ.

7 需求增长 / 减少 / 降低 / 稳定。
xū qiú zēng zhǎng / jiǎn shǎo / jiàng dī / wěn dìng.

8 消费者购买力增加。
xiāo fèi zhě gòu mǎi lì zēng jiā.

9 失业率越来越高。
shī yè lü` yuè lái yuè gāo.

10 生产提高了5％。
shēng chǎn tí gāo le bǎi fēn zhī wǔ.

11 国民生产总值增长了1％。
guó mín shēng chǎn zǒng zhí bǎi fēn zēng zhǎng le bǎi fēn zhī yī.

12 企业领导很乐观。
qǐ yè lǐng dǎo hěn lè guān.

13 我们需要重新考虑评估。
wǒ men xū yào chóng xīn kǎo lü` píng gū.

14 Die unmittelbaren / langfristigen / kurzfristigen Perspektiven sind gut.

15 Die Wirtschaft soll wieder in Schwung gebracht werden.

16 Die Steuern sind hoch.

17 Der Erdölpreis ist wieder gestiegen.

18 Die Rohstoffpreise sind gesunken.

19 Die Löhne bleiben gleich, aber die Mieten steigen.

20 Die Fälschung führender Marken nimmt zu.

21 Wir verzeichnen eine deutliche Entwicklung der Produktion.

22 Das chinesische Handelsministerium ist die zuständige Behörde für die Entwicklungshilfe im Ausland.

23 Deutschland hat damit begonnen, seine Entwicklungshilfe für das Ausland anzupassen.

24 Die freundschaftlichen Beziehungen zwischen Deutschland und China müssen gefördert werden.

25 Die wirtschaftliche Zusammenarbeit zwischen unseren beiden Staaten muss gefördert werden.

26 Das Einfrieren der Verkaufspreise beeinträchtigt die Gewinnspannen.

14 近期前景 / 长期前景 / 短期前景 / 前景良好。
jìn qī qián jǐng / cháng qī qián jǐng / duǎn qī qián jǐng / qián jǐng
liáng hǎo.

15 必须重振经济。
bì xū chóng zhèn jīng jì.

16 税收很高。
shuì shōu hěn gāo.

17 石油价格又提高了。
shí yóu jià gé yòu tí gāo le.

18 原材料价格又降低了。
yuán cái liào jià gé yòu jiàng dī le.

19 工资没有增长，但房租提高了。
gōng zī méi yǒu zēng zhǎng, dàn fáng zū tí gāo le.

20 大品牌的赝品持续增长。
dà pǐn pái de yàn pǐn chí xù zēng zhǎng.

21 生产取得显著增长。
shēng chǎn qǔ dé xiǎn zhù zēng zhǎng.

22 中国对外贸易经济合作部是对外援助的主要机关。
zhōng guó duì wài mào yì jīng jì hé zuò bù shì duì wài yuán zhù de
zhǔ yào jī guān.

23 德国已经着手开始调整援外工作。
dé guó yǐ jīng zhuó shǒu kāi shǐ tiáo zhěng yuán wài gōng zuò.

24 应该促进中德两国的友好关系。
yīng gāi cù jì zhōng dé liǎng guó de yǒu hǎo guān xī.

25 应该促进我们两国的经济合作。
yīng gāi cù jì wǒ men liǎng guó de jīng jì hé zuò.

26 销售价格的冻结减少了利润额。
xiāo shòu jià gé de dòng jié jiǎn shǎo le lì rùn é.

1 **gut, günstig**: 良: liáng: **1.** *gut, hervorragend, schön.* **2.** *Ein guter Mensch, ein guter Mitarbeiter.* **3.** (Schriftsprache) *sehr, viel.* ❖ 良好: liáng hǎo: *hervorragend, vollkommen* ❖ 良好的愿望: liáng hǎo de yù wàng: *guter Vorsatz* ❖ 利: lì: **1.** *scharf.* **2.** *günstig, vorteilhaft.* **3.** *Gewinn, Ertrag.* **4.** *Gewinn, Zinsen.* **5.** *zugute kommen, Gutes tun*: 利己利人: lì yí lì rén: *sowohl den anderen als auch sich selbst Gutes tun* ❖ 不利: bù lì: *ungünstig* / 有利: yǒu lì: *günstig, profitabel.*

3 **nochmals, Wiederaufnahme**: als alleinstehendes Wort bedeutet 复: fù: **1.** *antworten* **2.** *erneuern, wiederaufnehmen.* **3.** *drehen, umdrehen.* **4.** *aufs Neue, noch einmal.* Dieses Wort kommt in vielen Zusammensetzungen vor, die die Bedeutung von „erneuern" haben (复试: fù shì: *zweiter Prüfungstermin* ❖ 复会: fù huì: *die Sitzung fortsetzen*).

4 **Schnelligkeit, Geschwindigkeit**: 迅猛: xùn měng: *schnell und heftig, ungestüm* ❖ *eine ungestüme Entwicklung:* 迅猛发展: xùn měng fā zhǎn ❖ 速度: sù dù: *Geschwindigkeit* ❖ 请速复: qíng sù fù: *Danke für eine baldige Nachricht.*

5 **Stabilität, Instabilität**: 稳: wěn: *fest, stabil, sicher* / 稳定: wěn dìng: *stabil, beständig.*

7 **Kraft, Macht**: 力: lì: **1.** *Macht, Stärke, Vermögen, Gewalt* ❖ 人力: rén lì: *Arbeitskraft.* **2.** *Kraft:* 内外力: nèi wài lì; *innere Kraft / äußere Kraft* **3.** *Körperkraft.* **4.** *sich bemühen, sein Bestes / sein Möglichstes zu tun* ❖ 办事不力: bàn shì bù lì: *bei der Arbeit nicht das Bestmögliche tun.*

9 **immer mehr**: 越: yuè: **1.** *überschreiten, überqueren.* **2.** *je mehr ... desto mehr, umso mehr als, immer mehr.* 越早越好: yuè zǎo yuè hǎo: *je früher, desto besser* ❖ 越来越: yuè lái yuè + Adjektiv: *immer mehr* ❖ 越来越高: gāo: *immer höher.*

12 **leiten, der Leiter/die Leiterin**: 领导: lǐng dǎo: **1.** *leiten, führen, lenken.* **2.** *Leiter / Leiterin, Leitung.* 我要和领导谈谈: wǒ yào yǔ lǐng dǎo tán tǎn: *Ich bitte um ein Gespräch mit der Geschäftsleitung.*

13 **Erneuerung**: 重: chóng: **1.** *wiederholen, verdoppeln.* **2.** *noch, noch einmal, einmal mehr, nochmals.* **3.** *doppelt:* 双重领导: shuāng chóng lǐng dǎo: *doppelte Leitung.*

14 **Dauer, Zeitraum**: 期: qī: *Ende, Fälligkeitstermin, Frist* ❖ 近期: jìn qī: *bald, demnächst in Kürze* ❖ 长期: cháng qī: *von langer*

Dauer, während eines langen Zeitraums, langfristig ❖ 短期: duān qī: *kurzfristig.*

15 **Verpflichtung, Frist:** 必: bì: **1.** *bestimmt, notwendigerweise, mit Sicherheit, sicher.* **2.** *müssen, sollen.* 必须: bì xū: *müssen, sollen, es schuldig sein, etwas zu tun, verpflichtet sein, etwas zu tun* ❖ 必需: bì xū: *notwendig, unerlässlich, wesentlich* ❖ 必需品: bì xū pǐn: *Bedarfsartikel, wichtigste Gebrauchsgüter.* Für eine weniger (lebens)wichtige Sache kann auch 必要: bì yào: *notwendig, unerlässlich* verwendet werden ❖ 在必要的时间: zài bì yào de shí jiān: *in der vorgegebenen Zeit.*

18 **noch, noch einmal** 又, **gleichzeitig** 又… 又: yòu... yòu: *zugleich, gleichzeitig.* Oft wird 又 verdoppelt: 他又会唱歌又会表演: tā yòu huì chāng gē yòu huì biǎo yǎn: *Er kann singen und tritt auch als Schauspieler auf.*

19 **Der Gegensatz „aber/sondern" und andere Konjunktionen:** 但 = 但是: dàn shì ❖ 然而: rán ér ❖ 可是: kě shì ❖ 不过: bù guò. *stagnieren:* Im Chinesischen werden „verneinende" Wörter oft durch das Verb im „positiven" Sinn zusammen mit der Negation ausgedrückt. Hier zum Beispiel wird „Stagnation" durch *nicht erhöhen* ausgedrückt.

21 取得: qǔ dé: *erhalten, erwerben, verdienen* ❖ 取得胜利: qǔ dé shēng lì: *den Sieg erringen.*

I Handelsbeziehungen zwischen Deutschland und China: Export

	2005	2006	2007	2008
Deutsche Einfuhren in Mrd. Euro	40,85	49,96	56,42	59,38
Deutsche Ausfuhren in Mrd. Euro	21,23	27,48	29,90	34,10

Die Hauptausfuhrgüter von Deutschland nach China im Jahr 2008 sind Maschinen, Kraftfahrzeuge und Kraftfahrzeugteile, Güter der Elektrotechnik sowie chemische Erzeugnisse.

Maschinen: 33,6 %
Kraftfahrzeuge und Kraftfahrzeugteile: 15,3 %
Elektrotechnik: 10,9 %
chemische Erzeugnisse: 9,7 %
Mess- und Regeltechnik: 4,5 %
Elektronik: 3,7 %
Eisen und Stahl: 3,4 %
Kunststoffe: 2,9 %
Chemikalien: 2,6 %
Metallwaren: 2,6 %
elektronische Bauelemente: 2,1 %

Quelle: Germany Trade & Invest

II Handelsbeziehungen zwischen Deutschland und China: Import

Die Haupteinfuhrgüter von China nach Deutschland im Jahr 2008 sind Elektronikartikel, Büromaschinen und EDV, Textilien und Bekleidung, Güter der Nachrichtentechnik / Radio / TV sowie Güter der Elektrotechnik.

Elektronik: 32,1 %
Büromaschinen / EDV: 16,8 %
Textilien und Bekleidung: 13,7 %
Nachrichtentechnik / Radio / TV: 10,6 %
Elektrotechnik: 8,3 %
Maschinen: 4,9 %
elektronische Bauelemente: 4,7 %
chemische Erzeugnisse: 4,5 %
Metallwaren: 4,4 %
Chemikalien: 2,1 %
Nahrungsmittel: 1,6 %

Quelle: Germany Trade & Invest

3 GRAFISCHE DARSTELLUNGEN

1 Ich werde Ihnen das Projekt unseres Unternehmens anhand von Grafiken erklären.

2 Zuerst sehen Sie hier ein Foto unserer Fabrik in Berlin.

3 Können Sie alle gut sehen?

4 Die rechte Spalte ist nicht ganz klar.

5 Könnte man die Schärfe besser einstellen?

6 Auf dieser Grafik sollten Sie sich die Kurve G anschauen.

7 Könnte der Übersetzer / die Übersetzerin mit der Übersetzung anfangen? Danke.

8 Das Bild ist noch etwas unscharf. Ich bitte um Entschuldigung.

9 Werfen wir jetzt einen Blick auf unsere statistische Darstellung.

10 Das ist eine sehr anschauliche Darstellung.

11 Passen Sie jetzt auf, die Schemata B und C sind dieselben.

12 Aber eigentlich sind sie unterschiedlich.

13 Auf der Kurve C kann man einen deutlichen Rückgang feststellen.

14 Die Kurve B steigt ab Juli wieder an.

15 Anhand dieser Tabelle stellen wir eine Absatzverbesserung unserer Gesellschaft fest.

3 图表: tú biǎo

1 我想用图表来介绍我们公司的计划。
wǒ xiǎng yòng tú biǎo lái jiè shào wǒ men gōng sī de jì huà.

2 首先请看我们在柏林的公司照片。
shǒu xiān qǐng kàn wǒ men zài bó lín de gōng sī zhào piàn.

3 大家都看得见吗？
dà jiā dōu néng kàn dé jiàn ma?

4 右边的表格不太清楚。
yòu biān de biǎo gé bú tài qīng chǔ.

5 可以调整一下吗？
kě yǐ tiáo zhěng yí xià ma?

6 在这个图表上，请看曲线G。
zài zhè gè tú biǎo shàng, qǐng kàn qū xiàn G.

7 现在，请翻译开始解说。谢谢。
xiàn zài, qǐng fān yì kāi shǐ jiě shuō. xiè xiè.

8 画面还不是太清楚，请原谅。
huà miàn hái bú tài qīng chǔ, qǐng yuán liàng.

9 下面，请看统计图表。
xià miàn, qǐng kàn tǒng jì tú biǎo.

10 这个图表非常形象。
zhè gè tú biǎo fēi cháng xíng xiàng.

11 请大家注意！ B图和C图看起来很象。
qǐng dà jiā zhù yì! B tú hé C tú kàn qǐ lái hěn xiàng.

12 但其实不一样。
dàn qí shí bù yí yàng.

13 可以从C曲线上看到很明显的下降。
kě yǐ cóng C qū xiàn shàng kàn dào hěn míng xiǎn de xià jiàng.

14 七月份开始，B曲线上升。
qī yuè fèn kāi shǐ, B qū xiàn shàng shēng.

15 从这个表格中可以看出，公司的销售有所改善。
cóng zhè gè biǎo gé zhōng kě yǐ kàn chū, gōng sī de xiāo shòu yǒu suǒ gǎi shàn.

16 Sehen Sie den kleinen blauen Pfeil oben rechts?

17 Dieses Diagramm stellt einen Querschnitt dar.

18 Die Zahlen in diesem Diagramm müssen auf den neuesten Stand gebracht werden.

19 Beachten Sie das Diagramm C nicht.

20 Dieses Diagramm zeigt die neuere Entwicklung unserer Verkäufe an.

21 Dieses Diagramm zeigt deutlich die Entwicklung unserer Verkäufe im letzten Quartal.

22 Dieses Kreisdiagramm muss vervollständigt werden.

23 Der obere Teil der Tabelle zeigt ...

24 Der untere Teil der Tabelle zeigt, dass ...

25 Wenn wir die Kurven B und D vergleichen,

26 Die linke Spalte gibt die Verkäufe an.

27 Die rechte Spalte gibt die Einkäufe an.

28 Die gestrichelte Linie gibt ... an.

29 Die schraffierte Spalte gibt ... an.

16 你们注意到左上方的蓝色箭头了吗?
nǐ men zhù yì dào zuǒ shàng fāng de lán sè jiàn tóu le ma?

17 这幅图表现了一条横线。
zhè fù tú biǎo xiàn le yì tiáo héng xiàn.

18 应该更新这个图表的数据。
yīng gāi gēng xīn zhè gè tú biǎo de shù jù.

19 请忽略图表C。
qǐng hū lüè tú biǎo C.

20 这个图表表示近期的销售情况。
zhè gè tú biǎo biǎo shì jìn qī de xiāo shòu qíng kuàng.

21 这个图表很好地表现了最近一个季度的销售情况。
zhè gè tú biǎo hěn hǎo de biǎo xiàn le zuì jìn yí gè jì dù de xiāo shòu qíng kuàng.

22 这幅饼图需要补充完整。
zhè fù bǐng tú xū yào bǔ chōng wán zhěng.

23 表格上方表现的是…
biǎo gé shàng fāng biǎo xiàn de shì…

24 表格下方表现的是…
biǎo gé xià fāng biǎo xiàn de shì…

25 如果比较曲线B和曲线D…
rú guǒ bǐ jiào qū xiàn B hé qū xiàn D…

26 左列表示销售。
zuǒ liè biǎo shì xiāo shòu.

27 右列表示购买。
yòu liè biǎo shì gòu mǎi.

28 虚线行表示…
xū xiàn háng biǎo shì…

29 灰色的一列表示…
huī sè de yí liè biǎo shì…

1 用: yòng: *benutzen, gebrauchen, mit* ❖ 用筷子吃饭: yòng kuài zi chī fàn: *mit Stäbchen essen* ❖ 来: lái: *um zu* ist hier kein Verb, das die Richtung angibt. Es drückt dennoch eine Tätigkeit aus.

3 **Möglichkeit:** 得: dé: steht zwischen dem Verb und seiner Ergänzung, um ein Ergebnis, eine Möglichkeit oder eine Entwicklungsstufe anzuzeigen ❖ 他写字写得好: tā xiě zì xiě dé hǎo: *Er schreibt gut.* (Beachten Sie die Verdoppelung des Verbs.)

8 还: hái: *noch* ❖ 我还想吃米饭: wǒ hái xiǎng chī mǐ fàn: *Ich will noch Reis essen.* 的: die Partikel wird hier in Verbindung mit 是··· 的 gebraucht.

9 下面: xià miàn: *nachstehend* (bedeutet auch, in einem anderen Kontext, *darunter, unten*).

11 注意: zhù yì: *aufpassen, beachten* ❖ 看起来: kàn qǐ lái: *anscheinend* ❖ 象: xiàng: *gleichen.*

13 地: de steht nach dem Adjektiv, das die Verbhandlung näher bestimmt ❖ 他高高兴兴地走了: tā gāo gāo xìng xìng de zǒu le: *Er ist zufrieden weggegangen* ❖ 可以看到: kě yǐ kàn dào: *sehen können, schaffen, etwas zu sehen.* Hier bezeichnet 到: dào das Ergebnis einer Handlung.

17 幅: fù: Zähleinheitswort für Tabellen ❖ 表现了: biǎo xiàn: *zeigen, äußern, darstellen, beweisen, bekunden* ❖ 一条: yì tiáo: ein + Zähleinheitswort für *Zeile* ❖ 横: héng: *waagerecht* ❖ 线: xiàn: *Zeile.*

19 忽视: hū luè: *nicht berücksichtigen.*

25 比较: bǐ jiào: **1.** *im Vergleich, vergleichen.* **2.** *eher:* 他比较胖: tā bǐ jiào pàng: *Er ist eher dick.* (胖: pàng: *dick*).

DAS GELD 钱: qián

- Die Währungseinheit ist der 元: yuan. Er wird unterteilt in den Zehner **mao**, 毛, der wiederum in 10 **fen** 分, unterteilt wird. Fen ist die kleinste chinesische Währungseinheit; sie entspricht unserem *Cent*.

- Geschrieben: 元 / 毛 / 角   yuán / máo / jiǎo.
  In der gesprochenen Sprache wird üblicherweise „**kuai**" statt „**yuan**" gebraucht.

Mündlich: 块 / 毛 / 分　　kuài / máo / fēn
1,35 kuai　一块三毛五分　yī kuài sān máo wǔ fēn

- Wenn die Cent-Einheit fehlt, wird sie durch *Null* 零: líng ersetzt.
  2,05 kuais 两块零五分　　liǎng kuài líng wǔ fēn

- Wenn nur eine Einheit vorhanden ist, kann *Geld* 钱, hinzugefügt werden:
  6 kuais　六块钱　　　　liù kuài qián

- *Wie viel kostet es?* 多少钱 ？　duō shǎo qián?

DIE CHINESISCHEN PROVINZEN 省: shěng		
Anhui	安徽	ān huī
Fujian	福建	fú jiàn
Gansu	甘肃	gān sū
Guangdong	广东	guǎng dōng
Guangxi	广西	guǎng xī
Guizhou	贵州	guī zhòu
Hebei	河北	hé běi
Heilongjiang	黑龙江	hēi lóng jiāng
Henan	河南	hé nán
Hubei	湖北	hú běi
Hunan	湖南	hú nán
Jiangsu	江苏	jiāng sū
Jiangxi	江西	jiāng xī
Jilin	吉林	jí lín
Liaoning	辽宁	liáo níng
Ningxia	宁夏	níng xià
Shaanxi	陕西	shǎn xī
Shandong	山东	shān dōng
Shanxi	山西	shān xī
Sichuan	四川	sì chuān
Yunnan	云南	yún nán
Zhejiang	浙江	zhé jiāng

1 Es freut mich, dass ich unsere neue Produktpalette vorstellen darf.

2 Danke schön, dass Sie mir die Möglichkeit geben, unsere neuen Produkte vorzustellen.

3 Unser Hauptziel ist es, Sie mit unseren Produkten bekannt zu machen.

4 Es freut mich, Herrn Wang zu bitten, Ihnen unsere Produkte zu erklären.

5 Ich führe Ihnen jetzt das neue Produkt vor.

6 Unser Unternehmen ist überzeugt, dass dieses Produkt Ihren Erwartungen entsprechen wird.

7 Wir empfehlen Ihrer Gesellschaft dieses Produkt.

8 Wir haben keine Zweifel an seinem Verkaufserfolg.

9 Ab dem nächsten Monat vermarkten wir dieses Produkt im Inland.

10 Seine Vermarktung im Ausland ist für das nächste Jahr vorgesehen.

11 Unsere Kunden haben Vertrauen in unsere Produkte.

12 Seit fünf Jahren arbeiten wir an der Vermarktung dieses Produkts.

13 Der Markt für elektronische Produkte bietet weite Perspektiven.

14 Wir haben bereits eine Marktanalyse durchgeführt.

15 Ein guter Start ist schon der halbe Erfolg.

4 产品介绍: chǎn pǐn jiè shào

1 我很高兴主持这次产品介绍会。
wǒ hěn gāo xìng zhǔ chí zhè cì chǎn pǐn jiè shào huì.

2 谢谢大家给我机会来介绍我们的新产品。
xiè xiè dà jiā gěi wǒ jī huì lái jiè shào wǒ men de xīn chǎn pǐn.

3 让大家了解我们的产品是我们的优先考虑的目标。
ràng dà jiā liǎo jiě wǒ men de chǎn pǐn shì wǒ men yōu xiān kǎo lü` de mù biāo.

4 我想请王先生为你们详细说明我们的产品。
wǒ xiǎng qǐng Wáng xiān shēng wèi nǐ men shuō míng wǒ men de chǎn pǐn.

5 我现在把新产品给你们演示一下。
wǒ xiàn zài bǎ xīn chǎn pǐn gěi nǐ men yǎn shì yí xià.

6 我们公司相信这个产品会令你们满意。
wǒ men gōng sī xiāng xìn zhè gè chǎn pǐn huì lìng nǐ men mǎn yì.

7 我们向贵公司推荐这个产品。
wǒ men xiàng guì gōng sī tuī jiàn zhè gè chǎn pǐn.

8 我们开发了一种畅销品。
wǒ men kāi fā le yì zhǒng xīn chǎn pǐn.

9 下个月, 我们把本产品投放国内市场。
xià gè yuè, wǒ men bǎ běn chǎn pǐn tóu fàng guó nèi shì chǎng.

10 预计投放国外市场的日期是明年。
yù jì tóu fàng guó wài shì chǎng de rì qī shì míng nián.

11 我们的顾客信得过我们产品的质量。
wǒ men de kè hù xìn dé guò wǒ men de chǎn pǐn.

12 我公司从事这项开发工作已有五年了。
wǒ gōng sī cóng shì kāi fā gōng zuò yǐ jīng yǒu wǔ nián le.

13 电器市场前景广阔。
diàn qì shì chǎng qián jǐng guǎng kuò.

14 我们已进行了市场分析。
wǒ men yǐ jìn xíng le shì chǎng fēn xī.

15 好的开始是成功的一半。
hǎo de kāi shǐ shì chéng gōng de yí bàn.

4 DIE VORSTELLUNG DES PRODUKTS

16 Lassen Sie mich eine Vorführung machen.

17 Wir haben einen Prototyp hergestellt.

18 Ich werde jetzt einen Produkttest durchführen.

19 Hier ist unser endgültiges Produkt.

20 Diese Produkte sind große Renner.

21 Unsere Firma ist auf die Herstellung von Leuchtröhren spezialisiert.

22 Brauchen Sie vielleicht ein paar Warenproben?

23 Als Innenverpackung verwenden wir Karton.

24 Die Verpackung darf nicht vernachlässigt werden.

25 Für diese Produkte verwenden wir schon immer diese Farbpalette.

26 Wir hoffen, unsere Produkte in den Supermärkten verkaufen zu können.

27 Es ist schwer vorauszusagen, ob sich diese Produkte gut verkaufen werden.

28 Eine solche Verpackung wird auffallen.

16 我先给您们做演示。
wǒ xiān gěi nín men zuò yǎn shì.

17 我们制造了原型。
wǒ men zhì zào le yuán xíng.

18 现在，我要进行产品试验。
xiàn zài, wǒ yào jìn xíng chǎn pǐn shì yàn.

19 这就是我们的成品。
zhè jiù shì wǒ men de chéng pǐn.

20 这些都是高销量产品
zhè xiē dōu shì gāo xiāo liàng chǎn pǐn.

21 我们企业专门做日光灯。
wǒ men qǐ yè zhuān mén zuò rì guāng dēng.

22 您们需要带走一些产品样品吗 ？
nín men xū yào dài zǒu yì xiē chǎn pǐn yàng pǐn ma ?

23 内包装使用纸盒。
nèi bāo zhuāng shǐ yòng zhǐ hé.

24 包装是个不容忽视的问题。
bāo zhuāng shì gè bù róng hū shì de wèn tí.

25 对于这种产品，我们历来使用这个颜色系列。
duì yú zhè zhǒng chǎn pǐn, wǒ men lì lái shǐ yòng zhè gè yán sè xì liè.

26 我们希望我们的产品可以在超市出售。
wǒ men xī wàng wǒ men de chǎn pǐn kě yǐ zài chāo shì chū shòu.

27 很难知道这些产品好不好卖。
hěn nán zhī dào zhè xiē chǎn pǐn hǎo bù hǎo mài.

28 这种包装很引人注目。
zhè zhǒng bāo zhuāng hěn yǐn rén zhù mù.

1 我很高兴: wǒ hěn gāo xìng: *Ich freue mich sehr darüber, dass …* Beachten Sie, dass das Verb *sein* 是 in solchen Sätzen nicht verwendet wird.

3 Hinweis für die **Übersetzung**: Im Chinesischen ist es üblich, das Objekt an den Satzanfang und nicht ans Satzende zu stellen, wie es auch manchmal im Deutschen vorkommt. Der chinesische Satz lautet: *Unser neues Produkt bekannt (zu) machen + ist + unsere Priorität.*

4 **Einladung:** 请: qǐng: Verb: **1.** *fragen, bitten, ersuchen.* **2.** *kommen lassen, (zu etwas) laden, einladen.* **3.** *einladen.* **4.** *bitte, ich bitte Sie.* 为: wèi: *für (sein im Klassischen Chinesisch).*

5 一下: yī xià: *ein wenig, ein bisschen.* Wird oft am Satzende gebraucht, um die Bedeutung des Verbs abzuschwächen.

6 会: huì: *können* hat hier die Bedeutung der nahen Zukunft.

7 贵: guì: Höflichkeitsausdruck, der mit *verehrt, geehrt, wert* übersetzt wird. 贵公司: guì gōng sī = *Ihre werte Firma.*

12 从事: cóng shì: *sich widmen, sich hingeben, sich beschäftigen mit, unternehmen.* 已有⋯ 了: yǐ yǒu le: *seit …* 五年: wǔ nián: *5 Jahre.*

14 已⋯ 了: yǐ… le: *schon* = 已进行了: *schon angefangen.*

15 好: hǎo: *bon* ❖ 开始: kāi shǐ: *der Anfang* = *ein guter Anfang* ❖ 成功: chéng gōng: *Erfolg* ❖ 一半: yí bàn: *die Hälfte.*

22 **Eine Frage** ist an der Fragepartikel 吗: ma zu erkennen, die am Satzende steht: 你是中国人吗: nǐ shì zhōng quó rén ma: *Sind Sie Chinese?* ❖ Mit der Partikel 把: bǎ stellt man das Objekt vor das Verb.

24 问题: wèn tí: *Problem, Frage.*

27 Die Verdopplung des Adjektivs oder des Verbs ist das Kennzeichen einer Entscheidungsfrage. Alle Adjektive oder Verben können auf diese Art verdoppelt werden. 好不好? hǎo bù hǎo: *Ist es gut?* (好: hǎo: *gut*) ❖ 难不难? nán bù nán: *Ist es schwierig?* ❖ 去不去? qù bù qù: *Gehen wir?*

WORTSCHATZ: DAS PRODUKT

Ersatzprodukt	代用品	dài yòng pǐn
Fertigprodukt	成品	chéng pǐn
Halbfertigprodukt	半成品	bàn chéng pǐn
Industrieprodukt	工业产品	gōng yè chǎn pǐn
kleiner Gebrauchsartikel	小百货	xiǎo bǎi huò
landwirtschaftliche Produkte und Zusatzprodukte	农副产品	nóng fù chǎn pǐn
Probeexemplar	样品	yàng pǐn
Qualitätsware zu gemäßigten Preisen	价廉物美	wù měi jià lián
Verpackung	商品包装	shāng pǐn bāo zhuāng

GRAMMATIK

Die Partikel 了 am Satzende hat keine Entsprechung im Deutschen. Sie wird Ihnen nach einer gewissen Zeit ganz selbstverständlich erscheinen.

- Sie drückt die Vergangenheit aus, wenn sie in einem Satz mit einem Vorgangsverb gebraucht wird.

  他去了: tā qù le: *Er ist (hin)gegangen.*

- Sie kann angeben, dass der Vorgang neu ist, dass die Tatsache aktuell ist.

  下雨了: xià yú le: *Es regnet.*

- Sie kann auch ausdrücken, dass die Handlung andauert.

  Der Frage : *Seit wann wohnen Sie in Peking?* entspricht die Antwort 3 年了: sān nián le (*seit 3 Jahren*, und Sie wohnen immer noch dort).

- Sie entspricht der deutschen Negation „*nicht... mehr*". Vorsicht: Das Vorgangsverb ist verneint.

  他不去了: tā bù qù le: *Er geht nicht mehr (hin).*

  没有了: méi yǒu le: *Es gibt nichts mehr.*

LANDESKUNDE
MISSVERSTÄNDNISSE ÜBER PRODUKTE

- Klären Sie alle möglichen Zweideutigkeiten. Die Meinungen gehen auseinander, genauso wie die Auffassung eines Konzepts: Erwarten Sie nicht, dass Sie und Ihre Partner die Dinge gleich auffassen. Wenn z. B. auf einer tierärztlichen Zollliste für eine Zirkusvorstellung steht, dass die Tiere mit Brot ernährt werden müssen (gemeint ist mit trockenem Brot), ist zu befürchten, dass Ihre Tiere frisches Toastbrot bekommen ... aus dem einfachen Grund, dass Sie nicht präzisiert haben, was für Sie selbstverständlich war.

- Seien Sie also sehr deutlich, wenn Sie eine Bitte haben oder einen Antrag stellen. Erinnern Sie sich, dass auch Produkte, die dieselbe Bezeichnung haben, je nach Land unterschiedlich sind. Um Enttäuschungen, Missstimmungen und schlechte Laune zu vermeiden, erinnern Sie sich daran, dass diese Unannehmlichkeiten nicht auf den schlechten Willen Ihres Partners zurückzuführen sind, sondern auf die Tatsache, dass die Umwelt unterschiedlich erfasst wird.

1 Der Markt wird vom Zusammenhang zwischen Angebot und Nachfrage bestimmt.

2 Unsere Waren entsprechen nicht der Nachfrage auf dem Markt.

3 Unsere Marktforscher haben schon eine Marktanalyse durchgeführt.

4 Viele Konsumenten hoffen, unsere neuen Produkte verwenden zu können.

5 Deshalb müssen wir die Nachfrage befriedigen.

6 Die Nachfrage steigt unaufhörlich.

7 Unsere Firma verzeichnet eine deutliche Produktionssteigerung.

8 Die wirtschaftliche Zusammenarbeit mit dem Ausland ist für den Außenhandel sehr wichtig.

9 Der Markt ist im vollen Aufschwung.

10 Dieser Markt ist rentabel / nicht rentabel.

11 Die Konkurrenz ist stark.

12 Bei den Waren der gehobenen Preisklasse gibt es wenig Konkurrenz.

13 Die Kaufkraft der chinesischen Haushalte wächst ständig.

14 Wir würden gern auf diesem Markt Fuß fassen.

1 供求关系决定市场。
   gòng qiú guān xì jué dìng shì chǎng.

2 现在市场上我们的产品供不应求。
   xiàn zài shì chǎng shàng wǒ men de chǎn pǐn gòng bú yìng qiú.

3 我们公司的调查员已进行了市场分析。
   wǒ men gōng sī de diào chá yuán yǐ jī jìn xíng le shì chǎng fēn xī.

4 有许多消费者希望使用我们新产品。
   yǒu xǔ duō xiāo fèi zhě xī wàng shǐ yòng wǒ men de xīn chǎn pǐn.

5 因此我们必须满足需求。
   yīn cǐ wǒ men bì xū mǎn zú xū qiú.

6 需求不断增长。
   xū qiú bú duàn zēng zhǎng.

7 我们企业的生产显著增长。
   wǒ men qǐ yè de shēng chǎn xiǎn zhù zēng zhǎng.

8 对外经济合作对海外市场非常重要。
   duì wài jīng jì hé zuò duì hǎi wài shì chǎng fēi cháng zhòng yào.

9 市场飞速发展。
   shì chǎng fēi sù fā zhǎn.

10 市场有盈利 / 无盈利。
   shì chǎng yǒu yíng lì / wú yíng lì.

11 竞争激烈。
   jìng zhēng jī liè.

12 高档产品的竞争很少。
   gāo dàng chǎn pǐn de jìng zhēng hěn shǎo.

13 中国家庭的购买力不断增长。
   zhōng guó jiā tíng de gòu mǎi lì bù duàn zēng zhǎng.

14 我们希望立足中国市场。
   wǒ men xī wàng lì zú zhōng guó shì chǎng.

15 Asien bleibt der wichtigste (Ausfuhr-)Markt Chinas.

16 Alle unsere Preise hängen vom Markt ab.

17 Eine Marktanalyse braucht viele Mitarbeiter.

18 Ich ziehe es vor, selbst die Marktuntersuchung durchzuführen.

19 Mein Kollege / Meine Kollegin kümmert sich um den Warenfluss auf dem Markt.

20 Es gibt zahlreiche Waren; der Marktzugang ist schwer.

21 Deswegen ist es schwierig, der Marktnachfrage nachzukommen.

22 Unser Berater / Unsere Beraterin kennt den chinesischen Markt gut.

23 Mein Assistent / Meine Assistentin kennt die chinesischen Unternehmen ebenso gut wie den deutschen Markt.

24 Der chinesische / deutsche Markt ist vielversprechend.

25 Um sich auf dem Markt zu etablieren, müssen die Preise für landwirtschaftliche Produkte gesenkt werden.

26 Wir müssen ein wirkungsvolles Mittel finden, um die Verkäufe zu erhöhen.

27 Marktgleichgewicht.

28 Die Preise werden vom Markt bestimmt.

15 亚洲是中国第一大出口市场。
yà zhōu shì zhōng guó dì yī dà chū kǒu shì chǎng.

16 我们所有的价格都是市场结算的。
wǒ men suǒ yǒu de jià gé dōu shì shì chǎng jié suàn de.

17 市场分析需要很多的人手。
shì chǎng fēn xī xū yào hěn duō rén shǒu.

18 我想亲自做市场调查。
wǒ xiǎng qīn zì zuò shì chǎng diào chá.

19 我的同事负责在市场上销售产品。
wǒ de tóng shì fù zé zài shì chǎng shàng xiāo shòu chǎn pǐn.

20 商品充斥市场，我们很难进入。
shāng pǐn chōng chì shì chǎng, wǒ men hěn nán jìn rù.

21 所以很难赶上市场的需求。
suǒ yǐ hěn nán gǎn shàng shì chǎng de xū qiú.

22 我们的顾问很了解中国市场。
wǒ men de gù wèn hěn liǎo jiě zhōng guó shì chǎng.

23 我的助手对中国企业和德国市场都很了解。
wǒ de zhù shǒu duì zhōng guó qǐ yè hé dé guó shì chǎng dōu hěn liǎo jiě.

24 德国市场/ 中国市场有巨大潜力。
dé guó shì chǎng / zhōng guó shì chǎng yǒu jù dà de qiǎn lì.

25 要想进入市场，必须降低农产品的价格。
yào xiǎng jìn rù shì chǎng, bì xū jiàng dī nóng chǎn pǐn de jià gé.

26 我们要想一个好办法提高销量。
wǒ men yào xiǎng yí gè hǎo bàn fǎ tí gāo xiāo liàng.

27 市场供需平衡。
shì chǎng gòng xū píng héng.

28 市场定价。
shì chǎng dìng jià.

2 现在市场上: xiàn zài shì chǎng shàng: *auf dem heutigen Markt*
❖ 供不应求: gòng bú yìng qiú: *Das Angebot entspricht nicht der Nachfrage.*

3 调查: diào chá: *untersuchen.* 员: yuán: *Person, Angestellte(r) = Ermittler(in).*

4 有许多: yǒu xǔ duō: *viel.* 使用: shǐ yòng: *gebrauchen.*

5,23 **Der Zusammenhang von Ursache und Wirkung:** 因为: yīnwèi: *denn, weil, da, da ja doch, wegen, infolge von, aufgrund von.* 所以: suǒ yǐ: *deswegen, das ist der Grund weshalb, folglich, infolgedessen* ❖ 因为今天天气不好所以我不想出去: yīn wèi jīn tiān tiān qì bù hǎo suǒ yǐ wǒ bù xiǎng chū qù: *Weil es heute nicht schön ist, gehe ich nicht aus.*

6 需求: xū qiú: *die Nachfrage (auf dem Markt)* ❖ 不断: bù duàn: *unaufhörlich* (断: duàn: *stoppen*).

8 海外市场: hǎi wài shì chǎng: *Auslandsmarkt.*

9 飞: fēi: **1.** *fliegen* (Vogel) **2.** *schnell, rasch* ❖ 速: sù: *Geschwindigkeit* ❖ fēi sù: *rasend schnell.*

10 有盈利: yǒu yíng lì: *rentabel.* 无盈利: wú yíng lì: *nicht rentabel.*

13 家庭: jiā tíng: *die Familie.*

14 立足: lì zú: *sich niederlassen, Fuß fassen, sich stützen.*

16 结算: jié suàn: *begleichen* (z. B. eine Rechnung).

17 人手: rén shǒu: *Arbeitskräfte, die Arbeiter.*

18 亲自: qīn zì: *selbst* (hier: ich selbst), 做: zuò: *selbst machen*

19 同事: tóng shì: *Kollege/Kollegin.*

21 赶上: gǎn shàng: *aufholen.* 赶不上: gǎn bù shàng: *Mühe haben aufzuholen.*

22 顾问: gù wèn: *Berater/Beraterin* ❖ 了解: liǎo jiě: *erfassen, kennen, genau wissen, gute Kenntnisse von ... haben.*

28 定价: dìng jià: *die Preise festlegen.*

LANDESKUNDE
DIE AUSZEICHNUNG VON WAREN

Überprüfen Sie gewöhnlich das Verfallsdatum von Nahrungsmitteln? Aufgepasst, nicht alle chinesischen Produkte sind verdorben … In China ist das Datum auf der Verpackung nichts anderes als das Herstellungsdatum. Die Auszeichnungen sind sehr genau, um jeglichen Streitfall mit dem Verbraucher zu vermeiden, der von jetzt an vom chinesischen Verbraucherverein verteidigt wird.

NAHRUNGSMITTEL	食品	**shípǐn**
Genehmigungsnummer des Produkts	食品生产许可证编号	shí pǐn shēng chǎn xǔ kě zhèng biān hào
Herstellungsdatum	生产日期	shēng chǎn rìqī
Herstellungsnummer	产品标准号	chǎn pǐn biāo zhǔn hào
Konservierungsart	保存方法	bǎo cún fàng fǎ
siehe Verpackung	见打印编号	jiàn dǎ yìn biān hào
Verfallsdatum	保质期	bǎo zhì qī
MEDIKAMENT	药	**yào**
Anwendung	用法用量	yòng fǎ yòng liáng
Aufmachung	规格	guī gé
Gebrauchsinformation	使用说明书	shǐ yòng shuō míng shū
Labor	生产企业	shēng chǎn qǐ yè
Nebenwirkungen	不良反应	bù liáng fǎn yìng
Verfallsdatum	有效期至	yǒu xiào qī zhī
Verpackung	包装	bāo zhuāng
Zusammensetzung	成分	chéng fèn
SPIELZEUG	玩具	**wán jù**
3 Jahre und älter	3岁以上适用	3 suì yī shàng ér tóng shǐ yòng
Erstickungsgefahr	可能引致儿童窒息	kě nèng yǐn zhì ér tóng zhì xī
Für Kinder unter 3 Jahren ungeeignet	不适合3岁以下儿童适用	bù shì hé 3 suì yī xià ér tóng shǐ yòng
kleine Teile	内含细小组件	neì hán xì xiǎo zǔ jiàn

5B MARKTFORSCHUNG

1 Marktprognose.

2 Die Mehrzahl der Kunden sind unserer Marke treu.

3 Die Marktforschung hat bestätigt, dass für dieses Produkt eine Nachfrage besteht.

4 Die Meinung unserer Kunden ist uns immer wichtig.

5 Die ersten Ergebnisse sind zufriedenstellend.

6 Unsere Experten haben diese Marktforschung durchgeführt.

7 Wir haben eine sehr genaue Marktanalyse durchgeführt.

8 Wir haben aus dieser Marktanalyse viel gelernt.

9 Die Ergebnisse der Marktforschung sind erstaunlich.

10 Die Mehrzahl der Befragten kennt unsere Marke.

11 Die Marktforschung legt besonderen Wert darauf, eine Stammkundschaft heranzubilden.

12 Eine gut durchgeführte Marktforschung bedeutet einen erfolgreichen Handel.

13 Die Zeit, die für eine Marktanalyse notwendig ist, darf nicht unterschätzt werden.

14 Eine gut vorbereitete Arbeit ist ein Gewinn an Zeit und Geld.

1 市场预测。
shì chǎng yù cè.

2 大多数顾客都是我们品牌的忠实用户。
dà duō shù kè hù dōu shì wǒ men pǐn pái de zhōng shí yòng hù.

3 市场调查肯定了对这种产品的需求。
shì chǎng diào chá kěn dìng le duì zhè zhǒng chǎn pǐn de xū qiú.

4 我们一直听取客户的意见。
wǒ men yì zhí tīng qǔ kè hù de yì jiàn.

5 先期结果令人满意。
xiān qī jié guǒ lìng rén mǎn yì.

6 是由我们的专家展开的这次市场调查。
shì yóu wǒ men de zhuān jiā zhǎn kāi de zhè cì shì chǎng diào chá.

7 我们做了详尽的市场分析。
wǒ men zuò le xiáng jìn de shì chǎng fēn xī.

8 我们从这次市场分析中学到了很多。
wǒ men cóng zhè cì shì chǎng fēn xī zhōng xué dào le hěn duō.

9 市场调查的结果很惊人。
shì chǎng diào chá de jié guǒ hěn jīng rén.

10 大多数被调查的人都知道我们的品牌。
dà duō shù bèi diào chá de rén dōu zhī dào wǒ men de pǐn pái.

11 市场调查强调了使客户成为忠实客户的重要性。
shì chǎng diào chá qiáng diào le shǐ kè hù chéng wéi zhōng shí kè hù de zhòng yào xìng.

12 做好市场调查是成功的商业。
zuò hǎo shì chǎng diào chá shì chéng gōng de shāng yè.

13 不应忽视用于市场分析的时间。
bù yīng hū shì yòng yú shì chǎng fēn xī de shí jiān.

14 良好的准备工作可以赢得时间和金钱。
liáng hǎo de zhǔn bèi gōng zuò kě yǐ yíng dé shí jiān hé jīn qián.

15 Wir haben gerade die Umfrageergebnisse bekommen.

16 Wir haben ein Verbraucherpanel verwendet.

17 Wir organisieren auch Verbraucherveranstaltungen, um unsere Produkte zu testen.

18 Die Testergebnisse beweisen, dass ...

19 Wir haben drei verschiedene Umfragen durchgeführt.

20 Wir haben Telefonumfragen gemacht.

21 Die erste Umfrage über eine Stichprobe von Zwanzig- bis Dreißigjährigen.

22 Das zweite Ergebnis entspricht dreißig- bis vierzigjährigen Städtern.

23 Die dritte Umfrage betrifft Vierzig- bis Fünfzigjährige der Landbevölkerung.

24 Das Kaufverhalten ist je nach Altersgruppe unterschiedlich.

25 Die Umfragen ermöglichen eine zuverlässige Marktforschung.

26 Wir haben diese Marktforschung drei Monate lang durchgeführt.

27 Wir haben uns an den chinesischen Verbraucherverein gewandt.

28 Die Kaufgewohnheiten der Hausfrauen haben sich gewaltig geändert.

29 Die Kaufkraft der Haushalte entwickelt sich beachtlich.

15 我们刚刚得到民意测验的结果。
wǒ men gāng gāng dé dào mín yì cè yàn de jié guǒ.

16 我们使用了消费者民意调查抽样。
wǒ men shǐ yòng le xiāo fèi zhě mín yì diào chá chōu yàng.

17 我们还组织了消费者会议，以便测试我们的产品。
wǒ men hái zǔ zhī le xiāo fèi zhě huì yì, yǐ biàn cè shì wǒ men de chǎn pǐn.

18 测试结果证明…
cè shì jié guǒ zhèng míng…

19 我们进行了三个不同的民意测验。
wǒ men jìn xíng le sān gè bù tóng de mín yì cè yàn.

20 我们进行了电话访问。
wǒ men jìn xíng le diàn huà fǎng wèn.

21 第一个民意测验是针对20－30岁的人群。
dì yī gè mín yì cè yàn shì zhēn duì èr shí dào sān shí suì de rén qún.

22 第二个结果符合30－40岁的城市居民。
dì èr gè jié guǒ fǔ hé sān shí dào sì shí suì de chéng shì jū mín.

23 第三个民意测验是针对 40－50 岁的乡镇居民。
dì sān gè mín yì cè yàn shì zhēn duì sì shí dào wǔ shí suì de xiāng zhèn jū mín.

24 根据年龄段不同，购买习惯而有所不同。
gēn jù nián líng duàn bù tóng, gòu mǎi xí guàn ér yǒu suǒ bù tóng.

25 民意测验使得市场调查更有可信性。
mín yì cè yàn shǐ dé shì chǎng diào chá gèng yǒu kě xìn xìng.

26 此次市场调查持续了3个月。
cǐ cì shì chǎng diào chá chí xù le sān gè yuè.

27 我们询问了中国消费者协会。
wǒ men xún wèn le zhōng guó xiāo fèi zhě xié huì.

28 家庭主妇的购买习惯有了明显的改变。
jiā tíng zhǔ fù de gòu mǎi xí guàn yǒu le míng xiǎn de gǎi biàn.

29 家庭购买力显著增长。
jiā tíng gòu mǎi lì xiǎn zhù zēng zhǎng.

2 肯定: kěn dìng: *behaupten, bestätigen, gutheißen, als positiv ansehen* ❖ 了: le: *zeigt Vollendung an (hat bestätigt, dass)* ❖ 对这种产品: duì zhè zhǒng chǎn pǐn: *was diese Produkte anbelangt.*

4 先期: xiān qī: *erste Periode* ❖ 结果: jié guǒ: *Ergebnis* ❖ 令人: líng rén: *veranlassen, durchsetzen.*

5 由: yóu: *durch, dank.*

6 详尽: xiáng jìn: *vollständig, ausführlich, detailliert.* 详尽的调查: *eine eingehende Untersuchung.*

8 市场调查的结果: shì chǎng diào chá de jié guǒ: *das Ergebnis der Analyse.*

9 被: bèi: **zum Ausdruck des Passivs:** 说服: shuō fú: *jemanden überreden.* 被说服: béi shuō fú: *von jemandem überredet werden.*

11 使: shǐ: **bewirken, veranlassen:** Dies ist eine besondere grammatikalische Struktur, die im Deutschen nicht immer übersetzt wird. Im Deutschen wird der *Grund* oft durch *hat gemacht* wiedergegeben. ❖ 这消息使他伤心: zhè xiāo xi shǐ tā shāng xīn: *Diese Nachricht hat ihn betrübt (traurig gemacht)* ❖ 使人痛苦: shǐ rén tòng kǔ: *jemandem Kummer bereiten.*

12 忽视: hū shì: *verharmlosen.*

18 证明: zhèng míng: *zeigen, unter Beweis stellen, klar beweisen, dass ...*

21, 22, 23 第: dì: **Präfix zur Bildung der Ordinalzahlen:** 第一个: dì yī gè: *der erste.* 第二个: dì ér gè: *der zweite.* 第三个: dì sān gè: *der dritte*

27 询问: xún wèn: *sich an jemanden wenden* (um eine Auskunft zu bekommen) ❖ 协会: xié huì: *Gesellschaft, Verein, Vereinigung.*

28 家庭: jiā tíng: *Familie* ❖ 家庭主妇: jiā tíng zhǔ fù: *Hausfrau.*

GRAMMATIK

❖ **Wie man „zwei" auf Chinesisch sagt**
Es gibt zwei Wörter, um „zwei" zu sagen.

- 两: liǎng wird vor einem Zähleinheitswort gebraucht.

zwei Chinesen	两个中国人	liǎng gè zhōng guó rén.
zwei Kuai	两块钱	liǎng kuaì qián.

- 二: èr wird in allen anderen Fällen gebraucht (Ordnungszahlen, Aufzählung usw.).

❖ **Das Alter angeben** 年龄 nián líng
Sätze, die sich auf das Alter beziehen, enthalten kein Verb. Das Wort 岁: suì (Alter, Lebensjahr, Zahl der Jahre) steht direkt nach der Zahl.

▸ *Wie alt werden Sie dieses Jahr?*
  - 您今年几岁？ nín jīn nián jǐ suì?
    (*Sie | dieses Jahr | wie viel | Jahre*)
  - 您今年多大？ nín jīn nián duō dà?
    (*Sie | dieses Jahr | wie viel | Jahre*)

▸ *Ich bin 38 (Jahre alt).*
  我今年三十八岁了。 wǒ jīn nián sān shí bā suì le.

WORTSCHATZ

Bruttoinlandsprodukt (BIP)
国内生产总值 guó nèi shēng chǎn zǒng zhí

Bruttosozialprodukt (BSP)
国民生产总值 guó mín shēng chǎn zǒng zhí

Das Angebot befriedigt die Nachfrage nicht
供不应求 gòng bú yìng qiú

Das Angebot übersteigt die Nachfrage
供过于求 gòng guò yú qiú

Den Markt mit Qualitätsprodukten erobern
以质取胜 yǐ zhì qǔ shèng

freier Markt
自由市场 zì yóu shì chǎng

Marktpreis
市场价 shì chǎng jià

Marktregulierung
市场调节 shì chǎng tiáo jié

Marktwirtschaft
市场经济 shì chǎng jīng jì

Nettosozialprodukt
国民净产值 guó mín jìng chǎn zhí

Strategie der Diversifizierung des Marktes
市场多元化战略 shì chǎng duō yuán huà zhàn luè

Strategie für nachhaltige Entwicklung
可持续发展战略 kě chí xù fā zhǎn zhàn luè

LANDESKUNDE
FENG-SHUI 风水: fēng shuǐ

Feng-Shui ist eine Lehre der traditionellen chinesischen Geomantik. Im Westen seit einigen Jahren sehr in Mode, ist Feng-Shui seit jeher in China anerkannt. Die Gebäude in Hongkong werden nach diesem Prinzip gebaut. Gestalten Sie Ihr Zuhause oder Ihr Arbeitszimmer nach dieser Lehre, so wird Ihnen das Glück, Vermögen und Liebe bringen ...

Das Grundprinzip besteht darin, das *Qi*: 气: qì, die *Lebensenergie,* zu lenken. Jedes architektonische Bauwerk hat seinen eigenen Energiefluss, der durch Feng-Shui reguliert und geleitet werden kann, um eine wohltuende Wirkung zu schaffen und den harmonischen Fluss von Yin und Yang, den beiden überall in der Natur vorhandenen Gegensätzlichkeiten, zu fördern.

So werden schlecht aufgestellte Möbelstücke oder eine schlecht angeordnete Einrichtung (zum Beispiel ein Arbeitstisch vor einem Fenster oder eine direkt auf ein Fenster gehende Tür) das Qi entweichen lassen und eine Störung hervorrufen, die Unglück und Misserfolg zur Folge haben wird. Bei der Eröffnung eines Geschäfts ist die Bedeutung des Feng-Shui in China um so verständlicher.

Im Feng-Shui ist das Wasser äußerst wichtig, weil dessen Fluss das Geld symbolisiert. Deshalb werden Sie oft sehr schöne Aquarien in den Restaurants oder Boutiquen finden.

1 Eine Werbung guter Qualität fördert den Verkauf.

2 Der Reaktionsgrad auf unsere Werbestrategie ist um 15% gesunken.

3 Unsere schlechte Werbestrategie ist die Hauptursache unseres schlechten Verkaufs.

4 Ich glaube, wir müssen eine Werbeagentur finden.

5 Die Verbraucher kaufen nur auf Grund unserer Werbung.

6 Die Vermarktung unserer Produkte ist die Folge unseres Werbekonzepts.

7 Gleichzeitig ist es auch ein wirkungsvolles Mittel, um die Kundschaft auf unsere neuen Produkte aufmerksam zu machen.

8 Ich bin fest davon überzeugt, dass unsere neuen Produkte erfolgversprechend sind.

9 Werbung ist eine Gelegenheit, unser Image zu fördern.

10 Da unsere Firma jedoch klein ist, ist unser Haushalt begrenzt.

11 Die Mehrzahl der großen Firmen hat einen unbegrenzten Werbeetat.

12 Wir dürfen nicht vergessen, dass die Internet-User unsere neue Kundschaft darstellen.

13 Wir müssen unsere derzeitigen Vertriebswege ausbauen.

14 Werbung ist gewiss wichtig, aber die Qualität unserer Produkte hat Vorrang.

15 Der Kunde / Verbraucher ist König, er muss zufrieden sein.

1 高品质的广告有助于促销。
gāo pǐn zhì de guǎng gào yǒu zhù yú cù xiāo.

2 广告策略反响降低了15%。
guǎng gào cè luè fǎn xiǎng jiàng dī le bǎi fēn zhī shí wǔ.

3 我们的广告策略有问题，是我们销路差的主要原因。
wǒ men de guǎng gào cè luè yǒu wèn tí, shì wǒ men xiāo lù chà de
zhǔ yào yuán yīn.

4 我认为我们需要找一家广告公司。
wǒ rèn wéi wǒ men xū yào zhǎo yì jiā guǎng gào gōng sī.

5 消费者只相信广告。
xiāo fèi zhě zhǐ xiāng xìn guǎng gào.

6 商品销售取决于我们广告创意。
shāng pǐn xiāo shòu qǔ jué yú wǒ men de guǎng gào chuàng yì.

7 这也是让客户关注我们新产品的一个好办法。
zhè yě shì ràng kè hù guān zhù wǒ men xīn chǎn pǐn de yí gè hǎo
bàn fǎ.

8 我确信我们的新产品很有前景。
wǒ què xìn wǒ men de xīn chǎn pǐn hěn yǒu qián jǐng.

9 广告是推广我们品牌形象的一个机会。
guǎng gào shì tuī guǎng wǒ men pǐn pái xíng xiàng de yí gè jī huì.

10 不过因为我们的公司小，所以广告经费有限。
bú guò yīn wéi wǒ men de gōng sī xiǎo, suǒ yǐ wǒ men de guǎng
gào jīng fèi yǒu xiàn.

11 大部分大公司都不限制广告预算。
dà bù fèn dà gōng sī dōu bú xiàn zhì guàng gào yù suàn.

12 千万不能忘了网民是我们的新客户。
qiān wàn bù néng wàng le wǎng mín shì wǒ men de xīn kè hù.

13 我们应该加强现在的所有发行渠道。
wǒ men yīng gāi jiā qiáng xiàn zài de suǒ yǒu fā xíng xú dào.

14 做广告虽然很有用，但是产品的质量更重要。
zuò guǎng gào suī rán hěn yǒu yòng, dàn shì chǎn pǐn de zhì liàng
gèng zhòng yào.

15 消费者/ 客户是上帝，应该让他们满意。
xiāo fèi zhě / gù kè shì shàng dì, yīng gāi ràng tā men mǎn yì

16 Wir machen Werbung im Fernsehen, wenn die Einschaltquote hoch ist.

17 Wir müssen einen Werbespruch finden, der gut zu unseren Produkten passt.

18 Es ist für uns nicht wichtig, in Zeitungen zu werben.

19 Ich schlage vor, dass wir unsere eigene Website einrichten.

20 Unsere Werbung wird von unseren Kunden gemacht.

21 Wir haben vor, Plakatwerbung in der U-Bahn zu machen.

22 Wir müssen eine einschlagende Werbekampagne organisieren.

23 Unsere Werbekampagne war erfolgreich.

24 Durch die Werbung wird sich die Öffentlichkeit Ihre Marke innerhalb von zwei Monaten einprägen.

25 Der Sonderverkauf ist immer eine wirkungsvolle Werbung.

26 Unser Geschäft macht Sonderverkäufe.

27 Wir gewähren einen Preisnachlass von 5% auf alle unsere Artikel während der Werbekampagne.

28 Diese Karte ist eine Preisnachlasskarte.

29 Wir bieten Ihnen zwei für den Preis von einem.

30 In allen Geschäften wird „Schlussverkauf" angezeigt.

16 我们要在电视上黄金时段做广告。
wǒ men yào zài diàn shì shàng huáng jīn shí jiān zuò guǎng gào.

17 我们要找一个非常适合产品的广告词。
wǒ men yào zhǎo yí gè fēi cháng shì hé chǎn pǐn de guǎng gào cí.

18 我们不需要在报纸上登广告。
wǒ men bù xū yào zài bào zhǐ shàng dēng guǎng gào.

19 我建议我们创建自己的网页。
wǒ jiàn yì wǒ men chuàng jiàn zì jǐ de wǎng yè.

20 我们的宣传是我们的客户做的。
wǒ men de xuān chuán shì wǒ men de kè hù zuò de.

21 我们想在地铁里做广告宣传。
wǒ men xiǎng zài dì tiě lǐ zuò guǎng gào xuān chuán.

22 我们要搞一个规模惊人的宣传。
wǒ men yào gǎo yí gè guī mó jīng rén de xuān chuán.

23 看来, 我们的广告做得很成功。
kàn lái, wǒ men de guǎng gào zuò de hěn chéng gōng.

24 通过广告, 只要两个月就能让公众记住你们的品牌。
tōng guò guǎng gào, zhǐ yào liǎng gè yuè jiù néng ràng gōng zhòng jì zhù nǐ men de pǐn pái.

25 降价促销总是很有效的广告方式。
jiàng jià cù xiāo zǒng shì hěn yǒu xiào de guǎng gào fāng shì.

26 我们商店现在打折。
wǒ men shāng diàn xiàn zài dǎ zhé.

27 广告宣传期间所有的产品都打95折。
guǎng gào xuān chuán qī jiān suǒ yǒu de chǎn pǐn dōu dǎ jiǔ shi wǔ zhé.

28 这是张优惠卡。
zhè shì zhāng yōu huì kǎ.

29 买一送一。
mǎi yī sòng yī.

30 所有的商店都挂了 "降价出售" 的牌子。
suǒ yǒu de shāng diàn dōu guà le „jiàng jià chū shòu" de pái zi.

1   广告: guǎng gào: *Werbung.*

3   我们的广告策略: guǎng gào cè luè: *unsere Werbestrategie* ❖ 有问题: yǒu wèn tí: *Probleme haben.*

6   我们广告创意: guǎng gào chuàng yì: *unser Werbekonzept.*

10   **Haushaltskürzung** (Verb + 不起): 出不起: chū bù qǐ = 出: *ausgeben* (hier: *Geld*). 不起 drückt nach einem Verb eine schwierige finanzielle Lage aus. 买不起: mǎi bù qǐ: *nicht genug Geld haben, um sich etwas zu leisten.* 吃不起: chī bù qǐ: *ein zu teures Gericht* (das ich mir nicht leisten kann).

14   **Obwohl, obgleich** 虽然: suī rán... 但是: dàn shì: Die grammatikalische Konstruktion 虽然⋯ drückt eine Einschränkung aus; danach folgt immer 但是 (*aber*) im zweiten Teil des Satzes.

15   上帝: shàng dì: *Gott* entspricht hier dem Ausdruck: *König sein* (der Kunde ist König).

16   黄金时段: huáng jīn shí jiān: *Hauptsendezeit, in der die meisten Hörer angesprochen werden, Prime Time.*

24   通过: tōng guò: *durchgehen, durchfahren*

29   买一送一: mǎi yī sòng yī: *eins kaufen, eins schenken = zwei für den Preis von einem.* Diesen Anschlag werden Sie oft zur Zeit des Schlussverkaufs in den Geschäften vorfinden.

WORTSCHATZ

direkte Werbung	直接广告	zhí jiē guǎng gào
Kommunikations- und Werbemittel	交流与推广的方法	jiāo liú yǔ tuī guǎng de fāng fǎ
Markenwerbung	品牌广告	pǐn pái guǎng gào
Public Relations	公同关系	gōng gòng guān xì
Verkaufsförderung	促销	cù xiāo
die verschiedenen Arten von Werbung	各种类型的广告	gè zhǒng lèi xíng de guǎng gào
Werbung	广告	guǎng gào
Werbung am Verkaufsort	销售现场的广告	xiāo shòu xiàn chǎng de guǎng gào
Werbung durch die Medien	媒介广告	méi jié guǎng gào
Werbung mit Produkten	产品广告	chǎn pǐn guǎng gào

GRAMMATIK
DIE PERSONALPRONOMEN

我: wǒ: *ich*   他: tā: *er*
你: nǐ: *du*   她: tā: *sie*

- Wenn man 们: mén an das Pronomen anhängt, wird der Plural ausgedrückt.

我们: wǒ mén: *wir*   他们: tā mén: *sie (Maskulinum)*
你们: nǐ mén: *ihr*   她们: tā men: *sie (Femininum)*

- Das Personalpronomen der dritten Person unterscheidet in der Schrift das Femininum 她 und das Neutrum (Objekt) 它 (gleiche Aussprache: tā).

LANDESKUNDE
BEZIEHUNGEN „GUANXI"
关系: guānxi

- In Asien sind die zwischenmenschlichen Beziehungen ein vorherrschender Faktor bei der Arbeit. Das ist ein Teil, der nicht davon zu trennen ist. Ihre chinesischen Partner werden es mögen, freundschaftliche Beziehungen aufzubauen – und so wird es Sie vielleicht überraschen, dass Sie an Festessen, Abendessen, sogar an Karaokeveranstaltungen teilnehmen müssen, bevor ein Vertrag unterschrieben wird. Nehmen Sie keinen Anstoß daran und stoßen Sie auf das Wohl Ihrer Gastgeber an. Stecken Sie auch nicht Ihre Stäbchen in Ihre Reisschalen, sie würden an Grabstelen erinnern, ein Zeichen, zugegebenermaßen, eines schlechten Omens.
- Während im Westen die zwischenmenschlichen Beziehungen knapp gehalten werden können, sind sie in China außerordentlich wichtig. Die sich daraus ergebende Freundschaft ist eine echte, lebenslange Freundschaft. Diese *guanxi* werden Ihnen die Türen bei vielen Verhandlungen weit öffnen. Aus diesen *guanxi* werden Sie Ihre zukünftigen Handelspartner und Adressbücher gewinnen. Sie werden jedes Ihrer Probleme lösen ... Vernachlässigen Sie sie nicht! *Guanxi*, was eigentlich *Verbindung* bedeutet, schließt außerdem gegenseitige Verpflichtungen ein: Wenn Ihnen geholfen wird, sind Sie es schuldig, wiederum zu helfen.

1 Wir haben in jeder großen Stadt / Provinz Großhandelsmitarbeiter.

2 Wir machen keinen Einzelverkauf.

3 Wir machen nur Großhandel.

4 All unsere Waren werden in Supermärkten angeboten.

5 Unsere Artikel werden nur in den Geschäften von Konzessions-
   inhabern verkauft.

6 Wir verkaufen im Versandhandel.

7 Wir haben einen Ausstellungsraum in Shanghai.

8 Wir verkaufen nicht von Haus zu Haus.

9 Unsere Vertreter kommen regelmäßig zu unseren Verkaufsstellen.

10 Wir machen Direktverkauf.

11 Alle unsere Waren sind aus Deutschland importiert.

12 Die Mehrzahl unserer Waren sind Importwaren.

13 Wir verfügen über ein Verkaufsnetz mit mehr als 70 Verkaufsstellen.

14 Regelmäßig machen wir Vorführungen in unseren Verkaufsstellen.

1 我们在每个城市 / 省都有批发业务员。
  wǒ men zài měi gè chéng shì / shěng dōu yǒu pī fā yè wù yuán.

2 我们不零售。
  wǒ men bù líng shòu.

3 我们只批发。
  wǒ men zhǐ pī fā.

4 我们所有产品均在超市销售。
  wǒ men suǒ yǒu chǎn pǐn jūn zài chāo shì xiāo shòu.

5 所有商品只在商店销售。
  suǒ yǒu shāng pǐn zhǐ zài shāng diàn xiāo shòu.

6 我们也进行邮购业务。
  wǒ men yě jìn xíng yóu gòu yè wù.

7 我们在上海有展示店。
  wǒ men zài shàng hǎi yǒu zhǎn shì diàn.

8 我们不进行入户销售。
  wǒ men bú jìn xíng rù hù xiāo shòu.

9 我们的代理商定期寻访销售点。
  wǒ men de dài lǐ shāng dìng qī xún fǎng xiāo shòu diǎn.

10 我们采用直销的形式。
  wǒ men cǎi yòng zhí xiāo de xíng shì.

11 所有产品均从德国进口。
  suǒ yǒu chǎn pǐn jūn cóng dé guó jìn kǒu.

12 我们的大多数产品都是进口产品。
  wǒ men de dà duō shù chǎn pǐn dōu shì jìn kǒu chǎn pǐn.

13 我们有70多个销售点。
  wǒ men yǒu qī shí duō gè xiāo shou diǎn.

14 我们定期在销售点进行展示。
  wǒ men dìng qī zài xiāo shòu diǎn jìn xíng zhǎn shì.

15 Wir betreiben auch Leasing.

16 Wir verkaufen nicht nur Waren, sondern auch Dienstleistungen.

17 Wir verkaufen direkt an den Endverbraucher.

18 Wir sind gut bei den kleinen Einzelhändlern eingeführt.

19 Der Verkaufspreis beim Einzelhändler ist nicht gestiegen.

20 Unser Vertriebsnetz funktioniert sehr gut.

21 Der / Die Verantwortliche unseres Vertriebsservice in unserem Betrieb ist vollkommen zweisprachig.

22 Dieser Artikel wird noch nicht auf dem Markt angeboten.

23 Unser Vertriebsnetz wurde gerade umstrukturiert.

24 Von jetzt an erstreckt sich unser Vertriebsnetz auf das ganze Land.

25 Wir haben Alleinvertreter für das ganze chinesische Gebiet.

26 Diese Produkte werden nicht in Hongkong vertrieben.

27 Sie können unseren Vertriebsservice zu den Bürozeiten erreichen.

28 Der Verkaufserfolg hängt vom guten Vertrieb der Produkte ab.

15 我们实行租赁销售。
  wǒ men shí xíng zū lìn xiāo shòu.

16 我们不仅销售产品，还提供服务。
  wǒ men bù jǐn xiāo shòu chǎn pǐn, hái tí gòng fú wù.

17 我们直接销售给消费者。
  wǒ men zhí jiē xiāo shòu gěi xiāo fèi zhě.

18 我们与零售商建立良好的关系。
  wǒ men yǔ líng shòu shāng jiàn lì liáng hǎo de guān xī.

19 在零售商店里的销售价格没有提高。
  zài líng shòu shāng diàn lǐ de xiǎo shòu jià gé méi yǒu tí gāo.

20 我们的销售网络运转很　好。
  wǒ men de xiāo shòu wǎng luò yùn zhuǎn hěn hǎo.

21 企业的销售部负责人完全掌握双语。
  qǐ yè de xiāo shòu bù fù zé rén wán quán zhǎng wò shuāng yǔ.

22 此商品尚未在市场发售。
  cǐ shāng pǐn shàng wèi zài shì chǎng fā shòu.

23 我们的销售网络刚刚进行了重组。
  wǒ men de xiāo shòu wǎng luò gāng gāng jìn xíng le chóng zǔ.

24 今后，我们的销售网覆盖全国。
  jīn hòu, wǒ men de xiāo shòu wǎng fù gài quán guó.

25 我们在全中国都有专有代理人。
  wǒ men zài quán zhōng guó dōu yǒu zhuān yǒu dài lǐ rén.

26 这些产品没有在香港发售。
  zhè xiē chǎn pǐn méi yǒu zài xiāng gǎng fā shòu.

27 您可以在工作时间联系我们的销售部门。
  ní kě yǐ zài gōng zuò shí jiān lián xì wǒ men de xiāo shòu bù mén.

28 销售成功与否取决于产品的销售网络。
  xiāo shòu chéng gōng yǔ fǒu qǔ jué yú chǎn pǐn de xiāo shòu wǎng luò.

2 零售: líng shòu: *Verkauf im Einzelhandel.*

2, 3 **die Einschränkung**: 不: bù: *nein, nicht.* Die Verneinung 不: bù steht vor einem Verb (bis auf das Verb *haben*, das eine eigene Verneinungsform hat: 没有: méi yǒu), einem Adjektiv, einem Adverb usw. ❖ 只: zhǐ: *nur, erst, bloß, lediglich, ausschließlich.* Die Partikel 只: zhǐ steht vor dem Verb. 我只想问你一个问题: wǒ zhǐ xiǎng wèn nǐ yī gè wèn tí: *Ich möchte Ihnen nur eine einzige Frage stellen* ❖ 只不过: zhǐ bù guò: *bloß, nur* ❖ 只要: zhǐ yào: *wenn, unter der Bedingung, dass.*

6 也: yě: *gleichfalls* ❖ 邮购: yóu gòu: *Versandhandel* ❖ 业务: yè wù: *der Beruf, die berufliche Tätigkeit, Unternehmensbereich.*

7 上海: shàng hǎi: (die Stadt) *Shanghai* ❖ 展示店: zhǎn shì diàn: *Showroom, Ausstellungsraum.*

9 销售点: xiāo shòu diǎn: *Verkaufsstelle.*

10 采用: cǎi yòng: *gebrauchen* ❖ 直销: zhí xiāo: *Direktverkauf* ❖ 形式: xíng shì: *Form.*

14 进行展示: jìn xíng zhǎn shì: *Vorführungen organisieren.*

15 实行: shí xíng: *praktizieren, anwenden* ❖ 租赁销售: zū lìn xiāo shòu: *Leasing.*

16 不仅… 还: bù jǐn… hái: *nicht nur ... sondern auch* ❖ 不仅如此: *hinzu kommt, dass, dazu* ❖ 不仅: bù jǐn: *nicht der Einzige sein:* 这不仅是我一个人的看法: zhè bù jǐn shì wǒ yī gè rén de kàn fǎ: *Ich bin nicht der Einzige mit diesem Standpunkt.* ❖ 提供服务: tí gòng fú wù: *anbieten, Dienstleistungen verkaufen.* Achtung, das Verb für „schenken" ist 送: sòng.

17 直接: zhí jiē: *direkt, unmittelbar.*

18 与: yǔ: *mit, im Zusammenhang mit.*

19 没有: méi yǒu: Verneinung des Verbs *haben* = *nicht.* 提高: méi yǒu tí gāo: *nicht gestiegen sein.*

21 掌握: zhǎng wò: *beherrschen* ❖ 双语: shuāng yǔ: *zwei Sprachen.*

22 此: cǐ: *dieser, diese, dieses* ❖ 尚未: *noch nicht* ❖ 发售: fā shòu: *Vertrieb.*

23 重组: chóng zǔ: *Umstrukturierung.*

25 全: quán: *ganz* ❖ 专有代理人: zhuān yǒu dài lǐ rén: *Alleinvertreter.*

26 这些: zhè xiē: *diese* ❖ 没有: méi yǒu: *nicht (sein).*

LANDESKUNDE
DIE HIMMELSRICHTUNGEN 方位基点: fāng wèi jī diǎn

- In China gehen Sie nicht von rechts nach links, sondern von Osten nach Westen. So wird man Ihnen Ihren Weg zeigen ...

东	dōng	*Osten*		北	běi	*Norden*
南	nán	*Süden*		中	zhōng	*Mitte*
西	xī	*Westen*				

- **Nach dem Weg fragen**
  - ▸ *Wie kommt man zur Bibliothek?*
    图书馆怎么走? tú shū guǎn zěnme zǒu?
  - ▸ *Gehen Sie nach Osten.*
    往东走。 wǎng dōng zǒu.

GRAMMATIK
WIE ANTWORTET MAN AUF EINE FRAGE?

Im Chinesischen gibt es keine Entsprechung für *ja* oder *nein* als Antwort auf eine Frage. Das Chinesische greift in der Antwort das Verb der Frage wieder auf. Das Verb wird für „ja" bejaht, und für „nein" verneint.

- 你喜欢看书吗? nǐ xǐhuan kàn shū ma: *Liest du gern?*
  (WÖRTLICH: *du | mögen | lesen | Buch |* Frage)
  - ▸ Bejahende Antwort: 喜欢 = *ja*
    (WÖRTLICH: *mögen*)
  - ▸ Verneinende Antwort: 不喜欢 = *nein*
    (WÖRTLICH: *nicht mögen*)

- 你有钱吗? nǐ yǒu qián ma: *Hast du Geld?*
  (WÖRTLICH: *du | haben | Geld |* Frage)
  - ▸ Bejahende Antwort: 有 = *ja*
    (WÖRTLICH: *haben*)
  - ▸ Verneinende Antwort: 没有 = *nein*
    (WÖRTLICH: *nicht haben*)

8A KAUF UND VERKAUF

1 Wir betreiben Großhandel.

2 Wir verkaufen im Einzelhandel.

3 Wir verkaufen gegen Barzahlung.

4 Wir kaufen nicht auf Kredit.

5 Wir verkaufen direkt an den Endverbraucher.

6 Wir verkaufen über einen Vertreter.

7 Das ist unser Katalog.

8 Wir haben eine vollständige Produktpalette von ...

9 Die Verkaufsbedingungen sind auf der Rückseite angegeben.

10 Sie können unsere Produkte im Internet kaufen

11 Ich setze Sie mit dem Vertriebsverantwortlichen in Verbindung.

12 Hier sind unsere jüngsten Preise.

13 Unsere Verkaufszahlen steigen wieder.

14 Sie können sich bei der Vertriebsabteilung erkundigen.

1 我们批量采购。
wǒ men pī liàng cǎi gòu.

2 我们零售。
wǒ men líng shòu.

3 现结销售。
xiàn jié xiāo shòu.

4 我们不实行贷款销售。
wǒ men bù shí xíng dài kuǎn xiāo shòu.

5 我们直接销售给消费者。
wǒ men zhí jiē xiāo shòu gěi xiāo fèi zhě.

6 我们通过代理商销售。
wǒ men tōng guò dài lǐ shāng xiāo shòu.

7 这是我们的产品名录。
zhè shì wǒ men de chǎn pǐn míng lù.

8 我们有一整套…
wǒ men yǒu yì zhěng tào…

9 背面有详细的销售条款。
bèi miàn yǒu xiáng xì de xiāo shòu tiáo kuǎn.

10 您可以通过网络购买我们的产品。
nín kě yǐ tōng guò wǎng luò gòu mǎi wǒ men de chǎn pǐn.

11 我帮您联系销售负责人。
wǒ bāng nín lián xì xiāo shòu fù zé rén.

12 这是我们最新的价格。
zhè shì wǒ men zuì xīn de jià gé.

13 我们的销售额正在提高。
wǒ men de xiāo shòu é zhèng zài tí gāo.

14 您可以向销售部门咨询。
nín kě yǐ xiàng xiāo shòu bù mén zī xún.

15 Wir haben unsere Gewinnspanne verringert.

16 Für jeden Kauf über 500 Yuan Ren Min Bi können Sie in drei Raten bezahlen.

17 Sie können die Zahlung über 6 Monate verteilen.

18 Wir betreiben Leasing.

19 Die erste Rate beträgt ...

20 Waren, die im Schlussverkauf gekauft wurden, sind vom Umtausch ausgeschlossen.

21 Muss ich eine Anzahlung leisten?

22 Dies ist Ihre erste Bestellung, nicht wahr?

23 Wir verkaufen nicht nur Waren, sondern auch Dienstleistungen.

24 Wie viel kostet diese Ware?

25 Wir werden ab Juni den Preis für einen Teil unserer Waren ändern.

26 Auf Grund der Aufwertung des Euro werden wir unsere Preise senken.

27 Wir verkaufen unsere Lagerbestände aus.

15 我们减少了利润。
wǒ men jiǎn shǎo le lì rùn.

16 购买500元以上产品，可以分3次付款。
gòu mǎi wǔ bǎi yuán yǐ shàng chǎn pǐn, kě yǐ fēn sān cì fù kuǎn.

17 您可以分6个月付款。
nín kě yǐ fēn liù gè yuè fù kuǎn.

18 我们实行租赁销售。
wǒ men shí xíng zū lìn xiāo shòu.

19 第一笔款项为…
dì yī bǐ kuǎn xiàng wéi…

20 减价产品不与退款。
jiǎn jià chǎn pǐn bù yǔ tuì kuǎn.

21 我需要预付一部分吗?
wǒ xū yào yù fù yí bù fen ma?

22 这是您第一次订购，对吗?
zhè shì nín dì yī cì dìng gòu, duì ma?

23 我们不仅销售产品，还提供服务。
wǒ men bù jǐn xiāo shòu chǎn pǐn, hái tí gòng fú wù.

24 这个产品多少钱?
zhè gè chǎn pǐn duō shǎo qián?

25 从6月份开始，我们将改变部分产品的价格。
cóng liù yuè fèn kāi shǐ, wǒ men jiāng gǎi biàn bù fen chǎn pǐn de jià gé.

26 由于欧元升值，我们将降低售价。
yóu yú ōu yuán shēng zhí, wǒ men jiāng jiàng dī shòu jià.

27 我们廉价处理库存产品。
wǒ men lián jià chù lǐ kù cún chǎn pǐn.

1 Das Verb „*betreiben*" ist im folgenden Ausdruck enthalten: 批量 采购: pī liàng cǎi gòu: *Großhandel*. Demnach ist es überflüssig, es ins Chinesische zu übersetzen.

3 *Barverkauf:* 现: xiàn: **1.** *zuerst.* **2.** *im Augenblick, sofort, überraschend, unvermutet, plötzlich* ❖ 结: jié: *Zahlung* ❖ 销售: xiāo shòu: *verkaufen*.

6 通过: tōng guò: *passieren, durchfahren, mit Hilfe von*.

9 背面: bèi miàn: *Rückseite* ❖ 有: haben ❖ 详细: xiáng xì: *ausführlich* ❖ 销售条款: xiāo shòu tiáo kuǎn: *Verkaufsbedingungen*.

11 帮: bāng: *helfen* ❖ 联系: lián xì: *Kontakt aufnehmen*.

13 销售额: xiāo shòu é: *Umsatz*.

14 向: xiàng: *gegen* ❖ 咨询: zī xún: *Erkundigungen einholen, sich erkundigen*.

20 不予: bù yǔ: *nicht gewähren, ablehnen* ❖ 退款: tuì kuǎn: *Rückerstattung*.

21 预: yù: *im Voraus, voraussichtlich*.

23 提供: tí gòng: *beschaffen, anbieten, besorgen, verschaffen*. (Aufgepasst!: Für „schenken" wird das Verb 送: sòng gebraucht.)

25 **Nahe Zukunft:** 将: jiāng zeigt eine nahe Zukunft an: *im Begriff sein, etwas zu tun, etwas tun werden* ❖ 从… 开始: cóng... kāi shǐ: *ab ...* ❖ 开始: kāi shǐ: *anfangen*.

26 由于: *auf Grund von* ❖ *Grund* 原因: 由于: *auf Grund von, wegen, in Anbetracht von, infolge von, mangels, in Anbetracht dessen, dass, dank* ❖ 由于大家的努力: yóu yú dà jiā de nǔ lì: *dank der Bemühungen aller* ❖ 欧元: ōu yuán: *Euro*.

27 廉价处理: lián jià chù lǐ: *abbauen, liquidieren* ❖ 库存产品: kù cún chǎn pǐn: *(Lager-)Bestand*.

LANDESKUNDE
DAS GESICHT … 面子⋯ miàn zi

- In China ist eines der wichtigsten Dinge in den zwischenmenschlichen Beziehungen, jemanden das Gesicht nicht verlieren zu lassen. Seien Sie nicht so direkt, wie Sie es im Westen möglicherweise sein könnten. Handeln Sie taktvoll und diplomatisch! Sagen Sie einer Person, mit der Sie arbeiten, nicht in Anwesenheit ihrer Kollegen: *„Sie irren sich!"* Gebrauchen Sie lieber Formulierungen wie *„Ich bin mit Ihnen nicht ganz einig, jeder von uns hat seine Gewohnheiten, vielleicht können Sie mir Ihren Standpunkt genauer erklären?"* Üben Sie nie direkt Kritik und werden Sie niemals laut. Sollte dies der Fall sein, ist es aus mit den Verhandlungen, die Türen werden sich schließen, und Sie verlieren Ihren Gesprächspartner (und damit auch seine *Guanxi* …).

- Genauso werden Sie vermeiden müssen, das Gesicht zu verlieren. Sagen Sie einem chinesischen Unternehmen, das noch nie mit dem Ausland gearbeitet hat, nicht *„Ich habe davon keine Ahnung"*. Gibt man in China seine Unwissenheit zu, gesteht man seine Inkompetenz ein. Sagen Sie lieber *„Das ist eine interessante Frage, über die ich im Moment noch nicht genügend nachgedacht habe. In einigen Tagen, wenn ich mit meinen Vorgesetzten debattiert habe, werde ich Ihnen eine ausführliche Antwort geben."* Diese Art von Antwort ist doppeldeutig: Ihr Gesprächspartner wird Ihnen auch nicht sagen, dass er etwas nicht weiß, und wird eher vielsagend mit dem Kopf nicken …

- Vergessen Sie auch nicht, dass es in China zwar möglich ist, das Gesicht zu verlieren, aber man kann auch das Gegenteil machen! Komplimente über einen Geschäftspartner oder einen Angestellten bei seinen Vorgesetzten (statt bei ihm selbst) zu machen, ist eine ausgezeichnete Methode.

1 Es freut mich, Sie kennenzulernen.

2 Ich stelle mich vor: Ich heiße Li, ich bin der / die kaufmännische Angestellte der Firma X.

3 Bevor ich hierher gekommen bin, habe ich Sie angerufen; erinnern Sie sich?

4 Vorher habe ich in einem anderen Bereich gearbeitet.

5 Ich zeige Ihnen unsere neuesten Erzeugnisse.

6 Falls Sie interessiert sind, kann ich Ihnen unseren Katalog dalassen.

7 Alle Preise unserer Produkte sind angegeben.

8 Wir haben auch Kataloge in Englisch, Chinesisch, Japanisch.

9 Ich bin sicher, dass Ihnen unsere neuen Produkte gefallen werden.

10 Unser Handelsvertreter wird nächste Woche vorbeikommen.

11 Wir haben gerade einen Ausstellungsraum eröffnet.

12 Sie können mich jederzeit erreichen. Hier ist meine Handynummer: 1390 1234 5678.

13 Selbstverständlich gewährt Ihnen Ihre Kundenkarte Preisermäßigungen.

14 Sie können innerhalb von 14 Tagen die Waren zurückgeben oder umtauschen.

1 很高兴认识您。
hěn gāo xìng rèn shí nín.

2 我来自我介绍一下，我姓李，我是X公司的商务代表。
wǒ lái zì wǒ jiè shào yí xià, wǒ xìng Lǐ, wǒ shì X gōng sī de shāng wù dài biǎo.

3 我来之前给您打过电话。记得吗?
wǒ lái zhī qián gěi nín dǎ guò diàn huà, jì dé ma?

4 我以前在另一个城区工作。
wǒ yǐ qián zài lìng yí gè chéng qū gōng zuò.

5 我给您介绍我们公司的最新产品。
wǒ gěi nín jiè shào wǒ men gōng sī de zuì xīn chǎn pǐn.

6 如果您感兴趣的话，我可以给您留一本产品目录。
rú guǒ nín gǎn xìng qù de huà, wǒ kě yǐ gěi nín liú yì běn chǎn pǐn mù lù.

7 所有产品的价格都标明了。
suǒ yǒu chǎn pǐn de jià gé dōu biāo míng le.

8 我们也有英文/汉语/日语的产品目录。
wǒ men yě yǒu yīng wén / hàn yǔ / rì yǔ de chǎn pǐn mù lù.

9 我相信您一定会喜欢我们的新产品。
wǒ xiāng xìn nín yí dìng duì xǐ huān wǒ men de xīn chǎn pǐn.

10 我们公司的商务代表下个星期过来。
wǒ men gōng sī de shāng wù dài biǎo xià gè xīng qī guò lái.

11 我们公司刚开了专卖店。
wǒ men gōng sī gāng kāi le zhuān mài diàn.

12 您可以随时与我联系。我的手机号码是 :
一三九零，一二三四，五六七八。
nín kě yǐ suí shí yǔ wǒ lián xì, wǒ de shǒu jī hào mǎ shì:
yāo sān jiǔ líng yāo èr sān sì wǔ liù qī bā.

13 您有会员卡，所以给您优惠。
nín yǒu huì yuán kǎ, suǒ yǐ gěi nín yōu huì.

14 购买产品后，两个星期之内可以退换。
gòu mǎi chǎn pǐn hòu, liǎng gè xīng qī zhī nèi kě yǐ tuì huàn.

15 Kann ich 10 Minuten Ihrer Zeit in Anspruch nehmen?

16 Ich möchte Ihre Zeit nicht überbeanpruchen.

17 Wir haben gerade dieses neue Modell herausgebracht.

18 Darf ich Ihnen eine Vorführung anbieten?

19 Dieses Modell verkauft sich besser als das alte Modell.

20 Sie können es zu Hause 10 Tage lang ausprobieren.

21 Mein Kollege / Meine Kollegin wird in 10 Tagen bei Ihnen vorbei-
kommen.

22 Wenn Sie mit dem Modell zufrieden sind, können Sie es bestellen.

23 Hier sind die Bestellformulare.

24 Sie können direkt auf unserer Website bestellen.

25 Sie können mit Kreditkarte bezahlen.

26 Wenn Sie jetzt bestellen, bekommen Sie einen Preisnachlass.

27 Es tut mir leid, wir haben schon alle Kataloge verteilt.

28 Bei jedem Kauf über 100 Euro erfolgt die Lieferung kostenlos.

15 我能占用您几分钟时间吗?
wǒ néng zhàn yòng nín jǐ fēn zhōng shí jiān ma?

16 我不想耽误您的时间。
wǒ bù xiǎng dān wù nín de shí jiān.

17 我们刚刚推出这一款新产品。
wǒ men gāng gāng tuī chū zhè yì kuǎn xīn chǎn pǐn.

18 您想让我给您演示一下吗?
nín xiǎng ràng wǒ gěi nín yǎn shì yí xià ma?

19 这款比老款卖得好。
zhè kuǎn bǐ lǎo kuǎn mài de hǎo.

20 您可以在家试用10天。
nín kě yǐ zài jiā shì yòng shí tiān.

21 我的同事10天后会去拜访您。
wǒ de tóng shì tiān hòu huì qù bài fǎng nín.

22 如果您对样品满意,就可以订购了。
rú guǒ nín duì yàng pǐn mǎn yì, jiù kě yǐ dìng gòu le.

23 这是订货单。
zhè shì dìng huò dān.

24 您可以直接在我们的网站上订购。
nín kě yǐ zhí jiē zài wǒ men de wǎng zhàn shàng dìng gòu.

25 您可以用银行卡付款。
nín kě yǐ yòng yín háng kǎ fù kuǎn.

26 如果您现在订货,可以享受优惠。
rú guǒ nín xiàn zài dìng huò, kě yǐ xiǎng shòu yōu huì.

27 很抱歉,所有的产品目录都已经发完了。
hěn bào qiàn, suǒ yǒu de chǎn pǐn mù lù dōu yǐ jīng fā wán le.

28 满 100 欧元,免费送货。
mǎn yì bǎi ōu yuán, miǎn fèi sòng huò.

1 **Begrüßung:** 很高兴认识您: hěn gāo xìng rèn shí nín: *Ich freue mich, Sie kennenzulernen.* (Bei der ersten Begegnung darf DIESER Satz nicht vergessen werden.) 认识: rèn shí: *kennen, kennenlernen.*

2 自我介绍: zì wǒ jiè shào: *persönliche Vorstellung.* 我姓李: wǒ xìng Lǐ. *Ich heiße Li, mein Name ist Li.* Es kann sich dabei genauso um eine Frau wie um einen Mann handeln.

3 之前: zhī qián: *bevor ...*

4 以前: yǐ qián: *vorher, zuvor* ❖ 区: qū: *Verwaltungsbezirk einer Stadt* (die Stadt Peking zum Beispiel ist in Bezirke aufgeteilt, genauso wie Berlin in Stadtbezirke).

6 感兴趣: gǎn xìng qù: *an jemandem/etwas Interesse haben, sich interessieren für.*

8 英文: yīng wén: *Englisch* ❖ 汉语: hàn yǔ: *Chinesisch* ❖ 日语: rì yǔ: *Japanisch.*

9 一定: yí dìng: *sicher, gewiss.*

12 随时: suí shí: *jederzeit* ❖ 手机: shǒu jī: *Handy* ❖ 号码: hào mǎ: *Nummer* (die Ziffern werden nacheinander gesprochen).

13 会员卡: huì yuán kǎ: *Kundenkarte* ❖ 优惠: yōu huì: *günstiger Preis.*

14 买产品后: mǎi chǎn pǐn hòu: Verb + Ergänzung + 后 = nach haben + Verb + Ergänzung. ❖ 之内: zhī nèi: *in* (hier Zeitspanne: *in den nächsten beiden Wochen*).

15 占用: zhàn yòng: *gebrauchen, besetzen, in Besitz nehmen* ❖ 几分钟: jǐ fēn zhōng: *ein paar Minuten* ❖ 时间: shí jiān: *Zeit.*

16 耽误: dān wù: *aufhalten, verzögern.*

17 推出: tuī chū: *herausbringen* (Produkt, Modell usw.).

19 **Vergleich:** 比: bǐ: *vergleichen, vergleichend nebeneinanderstellen,* VERGLICHENER Begriff MIT + 比 + VERGLICHENER Begriff + Adjektiv. Das Adjektiv am Satzende erlaubt Ihnen, auf Deutsch „*besser*" oder „*weniger gut*" zu sagen. Hier: *dieser* + 比 + *jener* + Verb (卖: mài: *kaufen*) + 得: dé: grammatikalische Konstruktion nach einem Verb, dessen Adjektiv die Funktion bestimmt + Adjektiv (好: hǎo = *sich besser verkaufen*).

26 银行卡: yín háng kǎ: *Kreditkarte, Bankkarte.* (银行: yín háng: *Bank* ❖ 卡: kǎ: *Karte*).

27 **eine Handlung beenden:** 发完了: fā wán le: Verb+完+了= die Handlung, die vom Verb bestimmt wird, ist beendet. 发: fā: *vertreiben.* 发完了: fā wán le: *Der Vertrieb ist beendet* (es gibt nichts mehr).

LANDESKUNDE
WIE MAN IM CHINESISCHEN EINE ADRESSE ANGIBT

- Um im Chinesischen eine Adresse anzugeben, schreibt man im Gegensatz zum Deutschen: das Land, die Provinz, das Gebiet, die Stadt, den Stadtbezirk, den Straßennamen, die Hausnummer, den Namen des Empfängers.

- Die chinesischen Briefumschläge (Sendung im Ortsbereich) haben die Besonderheit, Felder anzubieten, um die Postleitzahl des Absenders und die des Empfängers anzugeben (unten rechts für den Empfänger, oben links für den Absender).

- Die chinesischen Häuser werden in Blocks unterteilt: Man muss *die Hausnummer* (单元: dān yuán), dann die Nummer der *Tür* (门: mén) und zum Schluss die *Nummer der Wohnung* (室: shì) angeben.

- Sie können die Adresse in eine Zeile schreiben. Der Name des Empfängers steht getrennt und auf ihn folgt (收: shōu).
  ▸ Beispiel:
  中国 。北京市。朝阳区。XX胡同 39 号。 I单元 4门 I50 室。
  杨先生 (收)
  邮编: I0003I

- **Praktischer Hinweis**: Briefmarken und Umschläge sind nicht selbstklebend. Klebstoff steht auf den Postämtern kostenlos zur Verfügung.

WORTSCHATZ
DIE ADRESSEN

地址	dìzhǐ	*Adresse*	区	qū	*Bezirk*
胡同	hútōng	*Gasse, Hutong* (Peking)	市	shì	*Stadt*
弄	lòng	*Gasse* (Shanghai)	省	shěng	*Provinz*
街	jiē	*Straße*	邮编	yóubiān	*Postleitzahl*

1   Wir können den Einfluss des Onlineverkaufs nicht mehr vernachlässigen.

2   Die Internetnutzer werden immer zahlreicher.

3   Sie können unsere Website besuchen, um mehr Informationen über unsere Firma zu bekommen.

4   Haben Sie eine Website?

5   Unsere Firma muss den E-Commerce weiterentwickeln.

6   Wir machen ab jetzt Onlineverkauf.

7   Wir haben gerade die Website unserer Firma eingerichtet.

8   Das Zahlungssystem im Internet ist sicher.

9   Wir sind in der Anwendung von Multimedia für die Absatzförderung von neuen Produkten spezialisiert.

10   Große Bestellungen können übers Internet aufgegeben werden.

11   Für alle Bestellungen per Internet bieten wir billigere Tarife an.

12   Die Bestellungen bei uns erfolgen weltweit.

13   Sie können sich die Fotos unserer Produkte auf unserer Website ansehen.

14   Alle Preisangaben erfolgen in Dollar.

15   Unsere Website wurde gerade ins Hochchinesische übersetzt, um den Handel mit unseren chinesischen Kunden zu erleichtern.

1 我们不可以再忽略网络销售的重要性。
wǒ men bù kě yǐ zài hū luè wǎng luò xiāo shòu de zhòng yào xìng.

2 网民越来越多。
wǎng mín yuè lái yuè duō.

3 想了解更多我们公司的情况，请浏览我们的网站。
xiǎng liǎo jiě gèng duō wǒ men gōng sī de qíng kuàng, qǐng liú lǎn wǒ men de wǎng zhàn.

4 您有网页吗 ？
nín yǒu wǎng yè ma?

5 我们公司应该发展电子商务。
wǒ men gōng sī yīng gāi fā zhǎn diàn zǐ shāng wù.

6 今后，我们实行网上销售。
jīn hòu, wǒ men shí xíng wǎng shàng xiāo shòu.

7 我们刚创建了公司的网页。
wǒ men gāng chuàng jiàn le gōng sī de wǎng yè.

8 在线支付系统有安全保证。
zài xiàn zhī fù xì tǒng yǒu ān quán bǎo zhèng.

9 我们专业从事利用多媒体为新产品进行宣传促销。
wǒ men zhuān yè cóng shì lì yòng duō méi tǐ wèi xīn chǎn pǐn jìn xíng cù xiāo xuān chuán.

10 可以通过网络大批订货。
kě yǐ tōng guò wǎng luò dà pī dìng huò.

11 我们对网上订购实行优惠价。
wǒ men duì wǎng shàng dìng gòu shí xíng yōu huì jià.

12 我们的订单覆盖全世界。
wǒ men de dìng dān fù gài quán shì jiè.

13 您可以在公司网站上浏览产品图片。
nín kě yǐ zài gōng sī wǎng zhàn shàng liú lǎn chǎn pǐn tú piàn.

14 所有价格单位均为美元。
suǒ yǒu jià gé dān wèi jūn wéi měi yuán.

15 公司网页刚刚被翻译成普通话，以便方便与中国客户的商业往来。
gōng sī wǎng yè gāng gāng bèi fān yì chéng pǔ tōng huà, yǐ biàn fāng biàn yǔ zhōng guó kè hù de shāng yè wǎng lǎi.

16 Sie können rund um die Uhr per Internet bestellen.

17 Unsere Abteilung ist von 8 bis 21 Uhr von Montag bis Sonntag geöffnet.

18 Sie brauchen nur die Nummer unseres Onlineverkaufs zu wählen.

19 Sie müssen die Artikelnummer angeben.

20 Vergessen Sie nicht, Ihre Adresse und Telefonnummer für die Lieferung anzugeben.

21 Wir bieten an, bei der Lieferung zu bezahlen.

22 Der Versand der Waren erfolgt nach der Bezahlung.

23 Sie können Ihre Rechnung per E-Mail bekommen.

24 Waren Sie schon auf unserer Auktionswebsite?

25 Haben Sie einen Breitband-Internetzugang zur Verfügung?

26 Sie können unseren Katalog herunterladen.

27 Das Herunterladen ist kostenlos.

28 Sie können uns Ihre Kommentare direkt schicken.

29 Klicken Sie auf die Dialogbox, um die Preise in Euro / Ren Min Bi anzuzeigen.

16 您可以24小时通过网络订购。
nín kě yǐ 24 xiǎo shí tōng guò wàng luò dìng gòu.

17 我们的服务时间为周一至周日，早8：00到晚21：00。
wǒ men de fú wù shí jiān wéi zhōu yī dào zhōu rì, zǎo bā diǎn dǎo wǎn èr shí yī diǎn.

18 您只需拨打在线订购电话。
nín zhǐ xū bō dǎ zài xiàn dìng gòu diàn huà.

19 需要告知商品编号。
xū yào gào zhī shāng pǐn biān hào.

20 请切记留下您的送货地址。
qǐng qiè jì liú xià nín de sòng huò dì zhǐ.

21 我们为您提供货到付款服务。
wǒ men wèi nín tí gòng huò dào fù kuǎn fú wù.

22 外地订货，要求款到发货。
wài dì dìng huò, yāo qiú kuǎn dào fā huò.

23 您可以通过电子邮件索取发票。
nín kě yǐ tōng guò diàn zǐ yóu jiàn suǒ qǔ fā piào.

24 您看过我们的拍卖网站了吗?
nín kàn guò wǒ men de pāi mài wǎng zhàn le ma?

25 您有高数据传输量吗?
nín yǒu gāo shù jù chuán shū liàng ma?

26 您可以下载我们的产品名录。
nín kě yǐ xià zǎi wǒ men de chǎn pǐn míng lù.

27 免费下载。
miǎn fèi xià zǎi.

28 您可以直接寄给我们您的意见。
nín kě yǐ zhí jiē jì gěi wǒ men nín de yì jiàn.

29 点击对话框显示欧元 / 人民币价格。
diǎn jī duì huà kuàng xiǎn shì ōu yuán / rén mín bì jià gé.

1 不可以: bù kě yǐ: *nicht können* ❖ 再: zài: *wieder, aufs Neue, erneut, noch einmal* ❖ 重要性: zhòng yào xìng: *Wichtigkeit.*

3 浏览: liú lǎn: (eine Website) *besuchen.*

4 网页: wǎng yè: *Website, Webseite.*

6 网上销售: wǎng shàng xiāo shòu: *Onlineverkauf.*

7 创建: chuàng jiàn: *ins Leben rufen, gründen.*

8 在线: zài xiàn: *online* ❖ 支付: zhī fù: *Zahlung* ❖ 安全: ān quán: *Sicherheit* ❖ 保证: bǎo zhèng: *(die Sicherheit) gewährleisten.*

9 从事: cóng shì: *vornehmen* ❖ 多媒体: duō méi tǐ: *Multimedia.*

11 对: duì: *für* (diejenigen, die eine Bestellung online aufgeben) setzt im Deutschen einen Relativsatz voraus.

13 公司网站: gōng sī wǎng zhàn: *die Website der Firma.* Beachten Sie, dass im Chinesischen das Wort „*Firma*" notwendig ist, was im Deutschen nicht der Fall ist.

14 美元: měi yuán: *US-Dollar.*

15 翻译: fān yì: *übersetzen.* 翻译成: fān yì chéng: *ins* (Sprache) *übersetzen* ❖ 普通话: pǔ tōng huà: *Hochchinesisch, Mandarin* ❖ 以便: yǐ biàn: *für* ❖ 方便: fāng biàn: *erleichtern.*

18 拨: bō: (eine Telefonnummer) *wählen.*

19 告知: gào zhī: *verständigen, benachrichtigen,* (eine Auskunft) *geben* ❖ 商品编号: shāng pǐn biān hào: *Bestellnummer, Artikelnummer* (zum Beispiel in einem Versandkatalog).

22 外地: wài dì: *Provinz* (außerhalb der Hauptstadt).

23 电子邮件: diàn zǐ yóu jiàn: *E-Mail.*

24 拍卖: pāi mài: *Versteigerung.*

25 高数据传输量: gāo shù jù chuán shū liàng: *Breitband-, DSL.*

26 下载: xià zǎi: *herunterladen.*

28 寄: jì: *schicken, senden* (Postsendung, Brief). Achtung, ein Fax oder eine E-Mail *senden* ist 发: fā.

29 点击: diǎn jī: *klicken* ❖ 对话框: duì huà kuàng: *Dialogbox, Fenster.*

INFORMATIKWORTSCHATZ

视频采集卡	shì pín cǎi jí kǎ	*Akquisitionskarte*
屏幕	píng mù	*Bildschirm*
刻录机	kè lù jī	*Brenner*
电脑	diàn nǎo	*Computer*
台式电脑	tái shì diàn nǎo	*Computer im Büro*
内存	nèi cún	*Datenspeicher*
解压卡	jiě yā kǎ	*Dekompressionskarte*
宽带	kuān dài	*DSL* (Breitbandinternetverbindung)
硬盘	yìng pán	*Festplatte*
显示卡	xiǎn shì kǎ	*Grafikkarte*
硬件	yìng jiàn	*Hardware*
主板	zhǔ bǎn	*Hauptplatine*
家用电脑	jiā yòng diàn nǎo	*Homecomputer*
手提电脑	shǒu tí diàn nǎo	*Laptop*
鼠标	shǔ biāo	*Maus*
处理器	chǔ lǐ qì	*Mikroprozessor*
调制解调器	diào zhì jiě diào qì	*Modem*
显示器	xiǎn shì qì	*Monitor*
笔记本	bǐ jì běn	*Notebook*
服务器	fú wù qì	*Server*
软件	ruǎn jiàn	*Software*
电源	diàn yuán	*Stromversorgung*
键盘	jiàn pán	*Tastatur*
电视卡	diàn shì kǎ	*TV-Tuner-Karte*
中央处理器	zhōng yāng chǔ lǐ qì	*Zentraleinheit*

1   Besuchen Sie bitte unseren Ausstellungsraum.

2   Wenn Sie wünschen, können Sie jedes Jahr an der von uns organisierten Schau teilnehmen.

3   Die Autoschau findet jedes Jahr im März in Peking statt.

4   Dieses Mal ist die Messe ausschließlich für Fachleute reserviert.

5   Hier ist eine Liste der Aussteller.

6   Mit diesem Anstecker haben Sie kostenlosen Eintritt.

7   Die Messe ist von 9 Uhr morgens bis 10 Uhr abends geöffnet.

8   Am Sonntag ist nicht geschlossen.

9   Sie müssen sich spätestens bis zum 14. März anmelden.

10   Die Anmeldegebühren betragen 500 Euro pro Tag. Die Standmiete ist inbegriffen.

11   Die Bezahlung erfolgt bei der Anmeldung.

12   Wir akzeptieren keine Kreditkarten.

13   Wir freuen uns auf Ihr Interesse an unserer Schau.

14   Das ist eine internationale / nationale Handelsmesse.

15   Wenden Sie sich jederzeit an die Organisatoren, um weitere Auskünfte zu bekommen.

1 请参观我们的展厅。（展示厅）
   qǐng cān guān wǒ men de zhǎn tīng. (zhǎn lǎn tīng)

2 如果您愿意，每年都可以参加我们举行的展览会。
   rú guǒ nín yuàn yì, měi nián dōu kě yǐ cān jiā wǒ men jǔ xíng de
   zhǎn lǎn huì.

3 汽车展每年三月在北京举行。
   qì chē zhǎn měi nián sān yuè zài běi jīng jǔ xíng.

4 此次展会只面对业内人士。
   cǐ cì zhǎn huì zhǐ miàn duì yè nèi rén shì.

5 这是参展商名单。
   zhè shì cān zhǎn shāng míng dān.

6 这个门卡可让您免费进入。
   zhè gè mén kǎ kě ràng nín miǎn fèi jìn rù.

7 展会时间为早9：00至晚10：00。
   zhǎn huì shí jiān wěi zǎo jiǔ diǎn zhì wǎn shí diǎn.

8 周日不休息。
   zhōu rì bù xiū xī.

9 最迟3月14日前注册。
   zuì chí sān yuè shí sì rì qián zhù cè.

10 注册费为每天500欧元，包括展台租赁费。
   zhù cè fèi wéi měi tiān wǔ bǎi ōu yuán, bāo kuò zhǎn tái zū lìn fèi.

11 请在注册时付款。
   qǐng zài zhù cè shí fù kuǎn.

12 不接受卡付。
   bù jiē shòu kǎ fù.

13 感谢您对我们展会的关注。
   gǎn xiè nín duì wǒ men zhǎn huì de guān zhù.

14 这是一次国际 / 全国贸易展会。
   zhè shì yí cì guó jì / quán guó mào yì zhǎn huì.

15 如需其他信息，请随时联系主办方。
   rú xū qí tā xìn xī, qǐng suí shí lián xì zhǔ bàn fāng.

16 Unsere Firma möchte an Ihrer Schau teilnehmen.

17 Es gibt einen hohen Anteil ausländischer teilnehmender Firmen.

18 Die Ausstellung findet im neuen Pekinger Ausstellungszentrum statt.

19 Sie können mit der U-Bahn / mit dem Bus / mit dem Taxi dorthin fahren.

20 Die Anzahl der Messebesucher ist höher als im Vorjahr.

21 Unsere Broschüren sind ins Englische, Chinesische, Spanische übersetzt.

22 Unser Unternehmen ist auf allen internationalen Messen vertreten.

23 Aussteller aus mehr als 40 Ländern nehmen an dieser internationalen Messe teil.

24 An unserem Stand machen wir Vorführungen.

25 Wir verteilen auch kostenlose Muster.

26 Prospekte und Dokumentationen mit den technischen Angaben stehen Ihnen zur Verfügung.

27 Die Teilnahme an dieser Messe sollte unseren Umsatz steigern.

28 Der runde Tisch wird im Raum D, Tür 2 stattfinden.

29 Unsere Hostessen werden Sie zum Stand führen.

30 Wir haben viele Auskunftsanfragen bekommen.

16 我们公司想参加您的展会。
wǒ men gōng sī xiǎng cān jiā nín de zhǎn huì.

17 很多外国公司都参加了展览。
hěn duō wài guó gōng sī dōu cān jiā le zhǎn lǎn.

18 展会在北京新的展览中心举办。
zhǎn huì zài běi jīng xīn de zhǎn lǎn zhōng xīn jǔ xíng.

19 您可以搭乘地铁 / 公交车 / 出租车到达。
nín kě yǐ dā chéng dì tiě / gōng jiāo chē / chū zū chē dào dá.

20 参观展会的人数比去年多。
cān guān zhǎn huì de rén shù bǐ qù nián duō.

21 我们的产品名录翻译成了英语/ 中文/西班牙语。
wǒ men de chǎn pǐn míng lù fān yì chéng le yīng yǔ / zhōng wén / xī bān yá yǔ.

22 我们企业参加所有国际性的展会。
wǒ men qǐ yè cān jiā suǒ yǒu guó jì xìng de zhǎn huì.

23 40多个国家的参展商参加了这次国际展会。
sì shí duō gè guó jiā de cān zhǎn shāng cān jiā le zhè cì guó jì zhǎn huì.

24 我们将在展台上做产品演示。
wǒ men jiāng zài zhǎn tái shàng zuò chǎn pǐn yǎn shì.

25 我们还会发送免费的样品。
wǒ men hái huì fā sòng miǎn fèi de yàng pǐn.

26 为您准备了宣传册和技术资料。
wèi nín zhǔn bèi le xuān chuán cè hé jì shù zī liào.

27 参加此次展览应该可以提高我们的销售。
cān jiā cǐ cì zhǎn lǎn yīng gāi kě yǐ tí gāo wǒ men de xiāo shòu.

28 圆桌会议将在2号门D展厅举行。
yuán zhuō huì yì jiāng zài èr hào mén D zhǎn tīng jǔ xíng.

29 我们的接待小姐将带您到我们的展台。
wǒ men de jiē dài xiǎo jiě jiāng dài nín dào wǒ men de zhǎn tái.

30 我们收到了很多咨询。
wǒ men shōu dào le hěn duō zī xún.

1 参观: cān guān: *besichtigen* ❖ 展厅: zhǎn tīng: *Ausstellungsraum*.

2 如果您愿意: rú guǒ nín yuàn yì: *wenn Sie es möchten*.

5 参展商: cān zhǎn shāng: *Aussteller(in)*.

6 门卡: mén kǎ: *Anstecker* ❖ 进入: jìn rù: *eintreten*.

7 展会时间: zhǎn huì shí jiān: *Zeitplan* ❖ 早: zǎo: *früh* ❖ 晚: wǎn: *spät*.

8 休息: xiū xī: *Ruhepause*.

9 最迟: zuì chí + Datum + 前: qián: *letzter Anmeldetermin*. Mündlich wird 号 hào für „Tag" benutzt (14号).

10 注册费: zhù cè fèi: *Anmeldegebühren* ❖ 包括: bāo kuò: *einschließlich, inbegriffen, inklusive*.

11 在… 时: zài… shí: *während, als, wenn*.

12 不接受: bù jiē shòu: *nicht annehmen, nicht akzeptieren* ❖ 卡 付: kǎ fù: *Kartenzahlung*.

13 感谢: gǎn xiè: *danke* + 您 nín = *danke Ihnen für* ❖ 关注: guān zhù: *Ihr Interesse für* (Satzbau mit 对: duì). Satzbau: *für* + Ergänzung + *Interesse*.

14 国际: guó jì: *international*. 全国: quán guó: *national*.

19 乘: chéng: *nehmen* (Bus, U-Bahn).

21 英语: yīng yǔ: *Englisch* ❖ 中文: zhōng wén: *Chinesisch* ❖ 西班牙语: xī bān yá yǔ: *Spanisch*.

26 为您: wèi nín: *für Sie, zu Ihren Gunsten* ❖ Ein Satz, der häufig vorkommt: 为您服务: wèi nín fú wù: *bitte sehr* ❖ 宣传册: xuān chuán cè: *Prospekt* ❖ 技术 资料: jì shù zī liào: *Datenblatt*.

27 参加: cān jiā: *teilnehmen*. Wenn der Satz mit dem Verb beginnt, muss man dieses Verb verstehen als *die Tatsache, dass*, was im Chinesischen nicht übersetzt wird.

29 接待小姐: jiē dài xiǎo jiě: *Hostess* (auf einer Messe).

LANDESKUNDE
BESCHRIFTUNG DER WAREN

Die allgemeinen Beschriftungsregeln betreffen unter anderem:

- die Mindestgröße der Buchstaben, der Symbole und Ziffern, die sich auf die verbindlichen Angaben bei der Beschriftung beziehen
- die Kategorie der Namen
- die Angabe des Nettogewichts
- den Namen und die Adresse der Firma
- das Verfallsdatum
- die Verpackungsgröße.

Seit 2001 mussten die neuen Nahrungsmittel und kosmetischen Produkte, die nach China importiert wurden, ihre Etiketten durch die Generalverwaltung der Volksrepublik China für Qualitätsüberwachung, Aufsicht und Quarantäne anerkennen lassen. (*AQSIQ: General Administration of Quality Supervision, Inspection and Quarantine*). Seit dem 1. April 2006 sind diese Verfahren aufgehoben, da die Waren beim Zoll nun einer doppelten Konformitätskontrolle unterliegen.

WORTSCHATZ

Zutritt für Besucher verboten　谢绝参观　xièjuécānguān

Herr Wang von der Firma X
Frau Li, Sekretärin von Herrn Wang
Herr Müller

1 Guten Tag, ich bin Herr Müller von der Firma … Könnte ich bitte Ihren Herrn Direktor sprechen?

2 Im Augenblick ist unser Herr Direktor in einer Sitzung.

3 Kann ich ihm etwas ausrichten?

4 Nein danke, ich rufe lieber wieder nach der Sitzung an.

5 Sehr gut. In diesem Fall würde ich Sie bitten, gegen fünf wieder anzurufen.

6 Danke, Frau Li.

7 Keine Ursache.

8 Wer ist am Apparat?

9 Können Sie bitte wiederholen?

10 Können Sie bitte Ihren Namen buchstabieren?

11 Worum geht es? (Was kann ich für Sie tun?)

12 Einen Augenblick bitte, bleiben Sie am Apparat.

13 Können Sie mir bitte Ihre Telefonnummer / Handynummer geben?

14 Es wäre sehr freundlich, wenn Sie mir Ihre E-Mail-Adresse geben würden.

15 Wir werden uns so bald wie möglich mit Ihnen in Verbindung setzen.

王经理，X 公司的经理
Li, 王先生的秘书
Müller 先生

1 你好，我是Müller先生。请问，经理在吗?
   nín hǎo, wǒ shì Müller xiān shēng. qǐng wèn, jīng lǐ zài ma?
2 王经理正在开会。
   wáng jīng lǐ zhèng zài kāi huì.
3 您要留言吗?
   nín yào liú yán ma?
4 不用，谢谢。他开完会后，我会再打电话。
   bú yòng, xiè xiè. kāi wán huì hòu, wǒ huì zài dǎ diàn huà.
5 好。请您五点以后再来电话。
   hǎo, qǐng nín wǔ diǎn yǐ hòu zài lái diàn huà.
6 谢谢您。
   xiè xiè nín.
7 不客气。
   bú kè qì.
8 您好。您哪位?
   nín hǎo, nín nǎ wèi?
9 可以再说一遍吗?
   kě yǐ zài shuō yí biàn ma?
10 您名字怎么拼?
   nín míng zì zěn me pīn?
11 有什么事吗?
   yǒu shén me shì ma?
12 请稍等。
   qǐng shāo děng.
13 能把您的手机号告诉我吗?
   néng bǎ nín de shǒu jī hào gào sù wǒ ma?
14 请告诉我您的mail地址。
   qǐng gào sù wǒ nín de mail dì zhǐ.
15 我们会很快与您联系。
   wǒ men huì hěn kuài yǔ nín lián xì.

16 Es tut mir leid, der Präsident ist auf Geschäftsreise.

17 Er wird nächste Woche wieder da sein.

18 Ich verstehe Sie nicht, die Verbindung ist schlecht.

19 Haben Sie schon heute morgen angerufen?

20 Haben Sie uns ein Fax geschickt?

21 Unser Berater ist gleich zurück.

22 Es ist mir unangenehm, dass ich Sie so lange habe warten lassen.

23 Ich bin gerade in Ihrer Gegend.

24 Ich würde gern Ihre neuen Räume sehen.

25 Könnten Sie bitte dem Taxifahrer Ihre Firmenadresse auf Chinesisch angeben?

26 Könnten Sie in fünf Minuten zurückrufen?

27 Ich würde mich sehr freuen, Sie zu treffen.

28 Ich würde gern einen Termin mit dem Generaldirektor ausmachen. Ist das möglich?

16 我很抱歉。总经理出差了。
wǒ hěn bào qiàn, zǒng jīng lǐ chū chāi le.

17 他下个星期回来。
tā xià gè xīng qī huí lái.

18 对不起，我听不清，线路不好。
duì bù qǐ, wǒ tīng bù qīng, xiàn lù bù hǎo.

19 您今天早上打过电话吗?
nín jīn tiān zǎo shàng dǎ guò diàn huà ma?

20 您发过传真吗?
nín fā guò chuán zhēn ma?

21 我们公司的顾问马上就回来。
wǒ men gōng sī de gù wèn mǎ shàng jiù huí lái.

22 不好意思，让您久等了。
bù hǎo yì sī, ràng nín jiǔ děng le.

23 我现在离你们公司很近。
wǒ xiàn zài lí nǐmen gōng sī hěn jìn.

24 我想到你们的公司去，看看你们的新办公室。
wǒ xiǎng dào nǐ men de gōng sī qù, kàn kàn nǐ men de xīn bàn gōng shì.

25 您可以把你们公司的中文地址跟出租司机说一下吗?
nín kě yǐ bǎ nǐ men gōng sī de zhōng wén dì zhì gēn chū zū chē sī jī shuō yí xià ma?

26 请您过五分钟再打。
qǐng nín guò wǔ fēn zhōng zài dǎ.

27 我将很高兴认识您。
wǒ jiāng hěn gāo xìng rèn shí nín.

28 我想与总经理约时间。可以吗 ?
wǒ xiǎng yǔ zǒng jīng lǐ juē shí jiān, kě yǐ ma?

1 我是: wǒ shì: *ich bin* ... kommt im Allgemeinen vor dem Firmennamen, statt *Herr X, Frau X.* ❖ 在: zài: *anwesend sein* ist dasselbe wie: *ist Herr / Frau X zu sprechen?*

2 Die häufigste Antwort ist: 不在: bù zài!

3 留言: liú yán: *eine Nachricht hinterlassen.*

4 不用: bú yòng: *Das ist nicht nötig.*

5 好: hǎo: *gut, einverstanden, abgemacht* (beim Telefongespräch).

8 您哪位? nín nǎ wèi: *Wer ist am Apparat?*

10 怎么: zěn me: *wie* ❖ 拼: pīn: *buchstabieren.*

16 出差: chū chāi: *auswärts sein, auf Geschäftsreise.*

18 听不清: tīng bù qīng: *nicht gut verstehen.*

20 传真: chuān zhēn: *Fax* (wird mit dem Verb 发: fā: *schicken, senden* benutzt).

21 马上: mǎ shàng: *sofort.* Bedeutet in der Umgangssprache auch: *bald.*

22 Höflichkeitsfloskel, die oft nach einer Wartezeit, selbst einer kurzen, benutzt wird, da die Tatsache, dass man jemanden warten lässt, als unhöflich betrachtet wird.

23 离: lí: *weit von ... entfernt sein.*

LANDESKUNDE

ZWEIDEUTIGKEIT DER ANTWORTEN

- Es wurde vorher gezeigt, dass sein fachliches Nichtwissen zuzugeben der Beweis für Inkompetenz ist. Wohlwissend, dass direkte Fragen unhöflich sind, sind die verneinenden Antworten oft ausweichend, um das Gesicht nicht verlieren zu müssen und um Unhöflichkeit und Harmonieverlust vorzubeugen ... Da die Höflichkeit als wichtiger betrachtet wird als die direkte Offenheit, werden Sie vielleicht zuerst über die Zweideutigkeit der Antworten Ihrer Gesprächspartner erstaunt sein. Am Telefon kann *„Herr X ist nicht da"* heißen *„Er arbeitet heute nicht"* oder *„Er ist nicht in seinem Büro"*.

- Übrigens sind Antworten wie *„Ich werde sehen, was ich tun kann"*, *„Ich werde mein Bestes tun"* häufig und bedeuten eher „nein" als etwas anderes. Es ist an Ihnen, das zu entschlüsseln, ohne vorschnell auf eine positive Antwort zu schließen, damit Sie sich nicht in heikle Situationen begeben.

„Ja, ich will sehen, was ich tun kann"

- Wenn Sie *„ja"* verstehen, laufen Sie Gefahr, von der späteren Antwort Ihres Gesprächspartners enttäuscht zu sein: *„es tut mir leid, ich habe keine Lösung, es ist nicht möglich"*
„Aber Sie hatten doch ja gesagt!" Und alle ärgern sich ...
Zögern Sie nicht, mit einem Lächeln eine bejahende Antwort zu bestätigen.
„Hundertprozentig ja?" wird alle zum Lachen bringen, und Sie auch! Aber vergessen Sie trotzdem nicht zu erwähnen, wozu Sie „ja" sagen: *Ja* zu *„Ich werde tun, was ich kann"*, oder *Ja* zu *„Das ist machbar"*!

12 PRODUKTION

1 Wir haben eine Partnerschaft mit mehreren chinesischen Labors.

2 Wir verstärken unsere Forschungskapazität, um neue Tätigkeitsbereiche zu finden.

3 Die Investitionen in Forschung und Entwicklung ermöglichen uns regelmäßig neue Produkte.

4 Dank der Datenverarbeitung kennen wir die gut gehenden Produkte und reduzieren den Lagerbestand.

5 Unser neues Produkt ist patentiert.

6 Unsere Qualitätskontrollen sind sehr streng, von der Konzeption bis zum fertigen Produkt.

7 Alle unsere Produkte sind den europäischen Normen gerecht.

8 Unsere Fertigerzeugnisse werden getestet, bevor sie auf den Markt kommen.

9 Die Herstellung ist computerisiert.

10 Sie haben die Produktion verlangsamt.

11 Wir nehmen die Zulieferindustrie in Anspruch.

12 Unser Produktivitätsgewinn steigt.

13 Die Einzelteile werden im Ausland hergestellt.

14 Infolge der Streiks mussten wir unseren Produktionsplan anpassen.

1 我们和很多中国实验室都有合作。
wǒ men hē hěn duō zhōng guó shí yàn shǐ dōu yǒu hé zuò.

2 我们加强研究能力以便找到新的经营领域。
wǒ men jiā qiáng yán jiū néng lì, yǐ biàn zhǎo dào xīn de jīng yíng lǐng yù.

3 投资研究和发展工作使我们可以定期更新产品。
tóu zī yán jiū hé fā zhǎn gōng zuò shǐ wǒ men kě yǐ dìng qī gēng xīn chǎn pǐn.

4 得益于信息技术,我们了解了主打产品,降低了库存。
dé yì yú xìn xī jì shù, wǒ men liǎo jiě le zhǔ dǎ chǎn pǐn, jiàng dī le kù cún.

5 新产品已经获得专利。
xīn chǎn pǐn yǐ jīng huò dé zhuān lì.

6 从设计到生产,我们的质量监控非常严格。
cóng shè jì dào shēng chǎn, wǒ men de zhǐ liàng jiān kòng fēi cháng yán gé.

7 所有产品都符合欧洲标准。
suǒ yǒu chǎn pǐn dōu fú hé ōu zhōu biāo zhǔn.

8 成品上市前都经过检验。
chéng pǐn shàng shì qián dōu jīng guò jiǎn yàn.

9 生产已经实行计算机化。
shēng chǎn yǐ jīng shí xíng jì suàn jī huà.

10 他们 (她们) 减慢了生产。
tā men (tā men) jiǎn màn le shēng chǎn.

11 我们求助于分包商。
wǒ men qiú zhù yú fēn bāo shāng.

12 我们的生产力收益增加。
wǒ men de shēng chǎn lì shōu yì zēng jiā.

13 零部件在国外生产。
líng bù jiàn zài guó wài shēng chǎn.

14 根据罢工要求,我们调整了生产计划。
gēn jù bà gōng yāo qiú, wǒ men tiáo zhěng le shēng chǎn jì huà.

15 Wir müssen einige Produktionsstätten verlagern.

16 Ein guter Lieferant achtet auf die Qualität, die Kosten und die Produktionsfristen.

17 Der Mangel an qualifizierten Arbeitskräften erschwert die Einhaltung der Produktionsfristen.

18 Wir bemühen uns ständig, uns an das Produktionsbudget zu halten.

19 Wir haben 50 Jahre Erfahrung auf dem Gebiet.

20 Wir müssen neue Produkte erzeugen, um die Nachfrage des Marktes zu befriedigen.

21 Wir werden diesen Teil der Produktion steigern müssen.

22 Wir haben eine Lizenz, um das Parfum der Marke X produzieren zu können.

23 Die Globalisierung zwingt uns zur Verlagerung.

24 Unser Produktivitätsgewinn hat uns erlaubt, konkurrenzfähiger zu werden.

25 Die Produktionsquoten werden eingehalten.

26 Wir müssen ein neues Produktionssystem mit Robotern und Maschinen entwickeln.

27 Wir müssen unser internationales Produktionsnetz verstärken.

28 Unsere Gesellschaft hat das Zertifikat des ISO-Standards bekommen, das die Produktion gewährleistet.

15 我们得更换好几个生产部门。
wǒ men dě gēng huàn hǎo jǐ gè shēng chǎn bù mén.

16 一个好供货商保证质量，成本和生产期限。
yí gè hǎo gòng huò shāng bǎo zhèng zhì liàng, chéng běn hé shēng chǎn qī xiàn.

17 合格劳动力的缺乏延误了生产期限。
hé gé láo dòng lì de quē fá yán wù le shēng chǎn qī xiàn.

18 我们一直努力遵守生产预算。
wǒ men yì zhí nǔ lì zūn shǒu shēng chǎn yù suàn.

19 在这个领域，我们有50年的专业技术。
zài zhè gè lǐng yù, wǒ men yǒu wǔ shí nián de zhuān yè jì shù.

20 我们得生产新产品，以满足市场需求。
wǒ men děi shēng chǎn xīn chǎn pǐn, yǐ mǎn zú shì chǎng xū qiú.

21 我们应提高这部分的生产。
wǒ men yīng tí gāo zhè bù fēn de shēng chǎn.

22 我们有生产X品牌香水的授权。
wǒ men yǒu shēng chǎn X pǐn pái xiāng shuǐ de shòu quán.

23 全球化迫使我们搬离原地。
quán qiú huà pò shǐ wǒ men bān lí yuán dì.

24 我们的高生产力使我们更有竞争力。
wǒ men de gāo shēng chǎn lǐ shǐ wǒ men gèng yǒu jìng zhēng lì.

25 遵守了生产定额。
zūn shǒu le shēng chǎn dìng é.

26 我们应该设计一个新的机械生产系统。
wǒ men yīng gāi shè jì yí gè xīn de jī xiè shēng chǎn xì tǒng.

27 应该加强我们的国际生产网络。
yīng gāi jiā qiáng wǒ men de guó jì shēng chǎn wǎng luò.

28 我们公司获得了保证质量的ISO标准认证。
wǒ men gōng sī huò dé le bǎo zhèng zhì liàng de ISO biāo zhǔn rèn zhèng.

1 实验室: shí yàn shì: *Labor.*
2 研究: yán jiū: *Forschung* ❖ 领域: lǐng yù: *Gebiet.*
4 得益于: dé yì yú: *dank.*
5 获得: huò dé: *bekommen* ❖ 专利: zhuān lì: *Patent = patentiert.*
6 严格: yán gé: *streng, strikt.*
7 符合: fú hé: *entsprechend sein* ❖ 欧洲: ōu zhōu *Europa* ❖ 标准: biāo zhǔn: *Norm* = europäische Norm.
11 求助: qiú zhù: *in Anspruch nehmen (mit Hilfe von).*
13 零部件: líng bù jiàn: *Einzelteile.*
14 罢工: bà gōng: *Streik.*
22 品牌: pǐn pái: *Marke* ❖ 香水: xiāng shuǐ: *Parfum* ❖ 授权: shòu quán: *Produktionslizenz.*
23 全球化: quán qiú huà: *Globalisierung.*
25 生产定额: shēng chǎn dìng é: *Produktionsquoten.*
28 获得: huò dé: *bekommen, gewinnen* ❖ 标准: biāo zhǔn: *Norm, Kriterium, Standard* ❖ 认证: rèn zhèng: *bestätigen, garantieren.*

GRAMMATIK
DIE POSITIONSWÖRTER 在: zài

Die Positionswörter stehen nach dem Substantiv, auf das sie sich beziehen.

在房间里: zài fáng jiān lǐ: *im Zimmer*

das heißt 在 + Ort + 里 (*in*)

里面	lǐ miàn	*drinnen*
在外面	zài wài miàn	*draußen*
在上面	zài shàng miàn	*darauf*
在下面	zài xià miàn	*darunter*
在上	*in* = 飞机上	fēi jī shàng *im Flugzeug*
在对面	zài duì miàn	*gegenüber*
在旁边	zài páng biān	*neben*

Seit dem 20. März 2006 haben das chinesische Finanzministerium und dessen Finanzbehörde eine Reform des Steuersystems in China angekündigt. Diese Reform betrifft die Steuerzahler und die Firmen, die folgende Produkte erzeugen, weiterverarbeiten und importieren.

Produkte, die seit neuestem besteuert werden

Golfbälle	*Holzleisten*
Luxusuhren	*Holzparkett*
Yachten	

Steuerangleichung

Fahrzeuge	*Autoreifen*
Motorräder	

Steueraufhebung

Shampoos, Standardprodukte für die Hautpflege. (Luxusshampoos und Luxusprodukte für die Hautpflege fallen als Kosmetikprodukte in die Kategorie 3 und unterliegen einer Steuer.)

13 PREISE

1 Unsere Preise haben sich nicht geändert.

2 Unsere neuen Preise werden ab Januar 2007 gelten.

3 Für große Aufträge gewähren wir einen Preisnachlass.

4 Die Lohnkosten sind im Preis inbegriffen.

5 Wir bieten Ihnen einen Großhandelspreis von 50 € pro Stück an.

6 Der Einzelhandelspreis beträgt 60 €.

7 Das ist unser letztes Angebot.

8 Es ist uns unmöglich, unsere Preise noch mehr zu senken.

9 Wie hoch sind die Dienstleistungskosten?

10 Was kostet dieses Produkt?

11 Steuer inbegriffen?

12 Unsere Preise werden von unserer Muttergesellschaft festgesetzt.

13 Wir nehmen keine Schecks / Kreditkarten an.

14 Die Firma gewährt keinen Kredit.

13　价格: jià gé

1　我们的价格没有变。
wǒ men de jià gé méi yǒu biàn.

2　新价格将从2007年1月起开始实施。
xīn jià gé jiāng cóng èr líng líng líng qī nián yī yuè qǐ kāi shǐ shí shī.

3　大订单可以享受优惠价格。
dà dìng dān kě yǐ xiǎng shòu yōu huì jià gé.

4　这个价格包括人工费。
zhè gè jià gé bāo kuò rén gōng fèi.

5　我们建议批发价为每件50 欧元。
wǒ men jiàn yì pī fā jià wéi měi jiàn wǔ shí ōu yuán.

6　零售价格为60欧元。
líng shòu jià gé wéi liù shí ōu yuán.

7　这是我们最低价格。
zhè shì wǒ men zuì dī jià gé.

8　我们的价格不能再低了。
wǒ men de jià gé bù néng zài dī le.

9　你们的服务费多少?
nǐ men de fú wù fèi duō shǎo?

10　这个产品多少钱?
zhè gè chǎn pǐn duō shǎo qián?

11　含税吗?
hán shuì ma?

12　价格是由总公司定的。
jià gé shì yóu zǒng gōng sī jué dìng de.

13　我们不接受支票 / 信用卡。
wǒ men bù jiē shòu zhī piào / xìn yòng kǎ.

14　公司不赊帐。
gōng sī bù shē zhàng.

15 Der Preis ist höher als Ihr ursprüngliches Angebot.

16 Können wir auf Probe verkaufen?

17 Der Verkäufer /Die Verkäuferin bereitet die Pro-forma-Rechnung vor.

18 Gibt es eine Handelsrechnung?

19 Der Käufer kann schon ab heute zu den Zahlungsformalitäten übergehen.

20 Vielen Dank für die Begleichung der Rechnung bei Lieferung.

21 Sie sind Stammkunde. Wir bieten Ihnen einen Vorzugspreis an.

22 Wir wären Ihnen sehr dankbar, wenn Sie eine Anzahlung machen könnten.

23 Vielen Dank für eine Anzahlung in Höhe von 100 €.

24 Der Restbetrag ist nach Erhalt der Ware fällig.

25 Bei normalem Gebrauch der Ware gewähren wir eine einjährige Garantie.

26 Wir gewähren den Kunden keinen Kredit mehr.

27 Das ist eine große Ausgabe.

15 这个价格比你们的出价高。
zhè gè jià gé bǐ nǐ men de chū jià gāo.

16 我们能否先试销?
wǒ men néng fǒu xiān shì xiāo?

17 卖方准备形式发票
mài fāng zhǔn bèi xíng shì fā piào.

18 您有商业发票吗?
nín yǒu shāng yè fā piào ma?

19 买方今天就可以办理付款的手续。
mǎi fāng jīn tiān jiù kě yǐ bàn lǐ fù kuǎn shǒu xù.

20 请交货时付款。
qǐng jiāo huò shí fù kuǎn.

21 您是老客户! 给您优惠吧!
nín shì lǎo kè hù! gěi nín yōu huì ba!

22 请先付定金。谢谢。
qǐng xiān fù dìng jīn. xiè xiè.

23 请付100欧元的定金。
qǐng xiān fù yì bǎi ōu yuán de dìng jīn.

24 其余款项货到结清。
qí yú kuǎn xiàng huò dào jié qīng.

25 在正常的使用情况下, 我们提供一年的保修。
zài zhèng cháng de shǐ yòng qíng kuàng xià, wǒ men tí gòng yì nián de bǎo xiū.

26 我们再也不给客户实行赊账。
wǒ men zài yě bù gěi kè hù shí xíng shē zhàng.

27 这笔开支很大。
zhè bǐ kāi zhī hěn dà.

1 价格: jià gé: *Preis* ❖ 变: biàn: *ändern.*
2 实施: shí shī: *in Kraft treten, gelten.*
4 人工费: rén gōng fèi: *Lohnkosten.*
5 批发: pī fā: *Großhandel.*
6, 7 (Der Verkäufer gibt Ihnen auf diese Weise zu verstehen, dass handeln zu wollen, nutzlos ist.) 低: dī 最低: zuì dī: *niedrigst* ❖ 不能再低了: bù néng zài dī le: *unmöglich, die Preise noch mehr zu senken.*
11 含: hán: *enthalten* ❖ 税: shuì: *Steuern.*
14 赊帐: shē zhàng: *einen Kredit anbieten.*
17 形式发票: xíng shì fā piào: *Pro-forma-Rechnung.*
18 商业发票: shāng yè fā piào: *Handelsrechnung.*
21 老客户: lǎo kè hù: *(langjähriger Kunde/langjährige Kundin)* = *Stammkunde/Stammkundin.* 老 ist eine freundschaftliche Bezeichnung.
23 付100欧元的定金: Beachten Sie, dass die Summe zwischen Verb und Substantiv steht, dem die Partikel 的 vorangestellt wird.
24 其余: qí yú: *der Rest, das Übrige, die anderen.*
26 再也不: zài yě bù: *nie mehr, nicht mehr* (bedeutet, dass die Handlung in der Vergangenheit stattgefunden hat).
27 Beachten Sie, dass das Verb „sein" im Chinesischen weggelassen wird.

GRAMMATIK
EINIGE ZÄHLEINHEITSWÖRTER ...

封: fēng Zähleinheitswort für **Briefe:**
一封信: yī fēng xìn: *ein Brief.*

辆: liàng Zähleinheitswort für **Fahrzeuge mit Rädern:**
一辆车: yī liàng chē: *ein Auto.*

本: běn Zähleinheitswort für **Bücher, Hefte, Bände:**
一本书: yī běn shū: *ein Buch.*

只: zhī Zähleinheitswort für **Tiere:**
一只蝴蝶: yī zhī hú dié: *ein Schmetterling.*

件: jiàn Zähleinheitswort für **Ereignisse, Kleidungsstücke:**
一件事情: yī jiàn shìqing: *eine Angelegenheit.*

LANDESKUNDE
AUSDRÜCKE MIT ZAHLEN

---

auf gar keinen Fall	千万	qiān wàn
tausende und abertausende von Worten	千言万语	qiān yán wàn yǔ
jedes Mal ins Schwarze treffen	百发百中	bǎi fā bǎi zhòng
diagonal lesen	一目十行	yí mù shí háng
außergewöhnlich schnell vorankommen	一日千里	yí rì qiān lǐ
die Wissenschaft schreitet mit Riesenschritten voran	科学在一日千里地发展	kē xué zài yí rì qiān lǐ de fā zhǎn
aus aller Welt kommen	五湖四海	wǔ hú sì hǎi

Wir kommen aus dem ganzen Land, um hier ein gemeinsames Ziel zu erreichen:

我们都是来自五湖四海，为了一个共同的目标走到一起
wǒ mén dōu lái zì wǔ hú sì hǎi, wèi le yí gè gòng tóng de mù biāo zǒu dào yì qǐ

Diese Angelegenheit darf nicht auf die leichte Schulter genommen werden:

这事情千万不可掉以轻心
zhè jiàn shì qing wàn bù kě diào yǐ qīng xīn

ständig die Meinung wechseln	朝三暮四	zhāo sān mù sì
durcheinander	乱七八糟	luàn qī bā zāo

Alles ist durcheinander, ich weiß nicht, wo ich anfangen soll:

什么事都乱七八糟，我不知道从哪儿开始
shén me shì dōu luàn qī bā zāo, wǒ bù zhī dào cóng nǎ er kāi shǐ

1 Die Lieferung erfolgt nächsten Montag im Xingang-Hafen von Tianjin.

2 Der Versand erfolgt nach Bezahlung der Ware.

3 Innerhalb der 5. Ringstraße erfolgt die Lieferung kostenfrei.

4 Die Lieferung ist ebenfalls kostenlos für folgende Bezirke: Shangdi, Tiantongyuan usw.

5 Wir verpflichten uns entsprechend dem Bestellschein am Tag nach der Auftragserteilung zu liefern.

6 Wir bieten eine Dienstleistung an: Bezahlung bei Lieferung.

7 Wünschen Sie eine Lieferung frei Haus?

8 Die Zustellung wurde wegen schlechten Wetters verzögert.

9 Wir können nicht vor dem ... liefern.

10 Die Ware ist letzten Mittwoch verschickt worden.

11 Sie müssten die Ware schon erhalten haben.

12 Wir verpflichten uns, Sie innerhalb von 14 Tagen zu beliefern.

13 Es liegt ein Lieferfehler vor.

14 Die Adresse war falsch.

15 Es war niemand zu Hause, als der Lieferant zu Ihnen kam.

1 下星期一在天津新港交货。
xià xīng qī yī zài tiān jīn xīn gǎng jiāo huò.

2 款到发货。
kuǎn dào fā huò.

3 五环以内免费送货。
wǔ huán yǐ nèi miǎn fèi sòng huò.

4 免费送货地区还包括：上地，天通苑，　等等。
miǎn fèi sòng huò dì qū bāo kuò: shàng dì, tiān tōng yuàn, děng děng.

5 我们保证于订单确认次日送货。
wǒ men bǎo zhèng yú dìng dān què rèn cì rì sòng huò.

6 我们为您提供货到付款服务。
wǒ men wèi nín tí gòng huò dào fù kuǎn fú wù.

7 您需要送货上门吗?
nín xū yào sòng huò shàng mén ma?

8 由于天气恶劣，推迟送货。
yóu yú tiān qì è liè, tuī chí sòng huò.

9 我们不能在… 之前送货。
wǒ men bù néng zài… zhī qián sòng huò.

10 货物已于周三发出。
huò wù yǐ yú zhōu sān fā chū.

11 您本应已经收到货物。
nín běn yīng yǐ jīng shōu dào huò wù.

12 我们保证15天之内送到。
wǒ men bǎo zhèng shí wǔ tiān zhī nèi sòng dào.

13 发货错误。
fā huò cuò wù.

14 地址有误。
dì zhǐ yǒu wù.

15 送货员到达时没有人在。
sòng huò yuán dào dá shí méi yǒu rén zài.

14 LIEFERUNG

16 Die deutsche Seite garantiert die Lieferung bezüglich der Qualität und der Lieferzeit.

17 Die chinesische Seite übernimmt die Kontrolle der Waren.

18 Die Exportabteilung ist mit der Verzollung beauftragt.

19 Die Importabteilung ist mit der Verladung aufs Schiff beauftragt.

20 Unsere Firma entscheidet über das Transportmittel.

21 Wir übernehmen die Versicherungskosten.

22 Es ist an Ihnen, die Formulare für die Lieferung vor Ort auszufüllen.

23 Die Lieferung erfolgt auf dem Landweg / per Bahn / per Schiff.

24 Der Lufttransport ist der schnellste, aber auch der teuerste.

25 Der LKW-Transport ist am günstigsten, aber sehr langsam.

26 Wenn die Waren während des Transports beschädigt werden, wird Sie die Versicherung entschädigen.

27 Wir können nicht vor Ende der Woche verschicken.

28 Die Waren sind uns ausgegangen; wenn Sie etwas warten können, werden Sie nächste Woche beliefert.

29 Die fehlenden Artikel werden morgen bei Ihnen sein.

30 Die Ersatzteile werden getrennt geliefert.

16 德方保证质量，按时交货。
dé fāng bǎo zhèng zhì liàng, àn shí jiāo huò.

17 中方负责检查商品。
zhōng fāng fù zé jiǎn chá shāng pǐn.

18 出口方负责报关。
chū kǒu fāng fù zé bào guān.

19 进口方负责装船。
jìn kǒu fāng fù zé zhuāng chuán.

20 我们公司决定运输工具。
wǒ men gōng sī jué dìng yùn shū gōng jù.

21 由我们支付保险费。
yóu wǒ men zhī fù bǎo xiǎn fèi.

22 您应该在线填写送货单。
nín yīng gāi zài xiàn tián xiě sòng huò dān.

23 通过陆路 / 铁路 / 海路 运输送货。
tōng guò lù lù / tiě lù / hǎi lù yùn shū sòng huò.

24 空运最快，但也最贵。
kōng yùn zuì kuài, dàn yě zuì guì.

25 载重汽车运输最便宜，但也最慢。
zài zhòng qì chē yùn shū zuì pián yì, dàn yě zuì màn.

26 如果商品在运输过程中损坏，保险公司负责赔偿。
rú guǒ shāng pǐn zài yùn shū guò chéng zhōng sǔn huài, bǎo xiǎn gōng sī fù zé péi cháng.

27 我们不能本周内送货。
wǒ men bù néng běn zhōu nèi sòng huò.

28 现在断货，如果您可以等，我们将在下周送货。
xiàn zài duàn huò, rú guǒ nín kě yǐ děng, wǒ men jiāng zài xià zhōu sòng huò.

29 缺少的商品明天送到。
quē shǎo de shāng pǐn míng tiān sòng dào.

30 零部件单独送货。
líng bù jiàn dān dú sòng huò.

1 天津: tiān jīn (*die Stadt*) Tianjin. 新港: xīn gǎng: *Xingang-Hafen* (inTianjin).

3 五环以内: wǔ huán yǐ nèi: *innerhalb des 5. Rings* (in Peking z. B. sind die Lieferungen außerhalb der Peripherie kostenpflichtig) ❖ 免费送货: miǎn fèi sòng huò: *kostenlose Lieferung.*

4 等等: děng děng: *usw.*

5 次日: cì rì: *nächster Tag.*

7 送货上门: sòng huò shàng mén: *frei Haus.*

8 由于: yóu yú: *wegen* ❖ 恶劣: è liè: *schlechtes Wetter* ❖ 推迟: tuī chí: *Verspätung.*

12, 15 天之内: shí wǔ tiān zhī nèi: *innerhalb von 14 Tagen.*

13 错误: cuò wù: *Irrtum.*

15 送货员: sòng huò yuán: *Lieferant* ❖ 到达: dào dá: *ankommen* ❖ 人在: rén zài: *da sein = Es war niemand da.*

16 德方: dé fāng: *die deutsche Seite.*

17 中方: zhōng fāng: *die chinesische Seite.*

21 保险费: bǎo xiǎn fèi: *Versicherungskosten.*

27 本周: běn zhōu: *diese Woche. Diese Formulierung wird in der geschriebenen Sprache verwendet. Mündlich sagt man:* 这个星期: zhè gè xīng qī.

WORTSCHATZ

vorgezogene Lieferung	提前交货	tí qián jiāo huò
verspätete Lieferung	延期交货	yán qī jiāo huò
Lieferung in Etappen	分批交货	fēn pī jiāo huò

LANDESKUNDE
DIE CHINESISCHEN INSTITUTIONEN UND MINISTERIEN – I
(UNVOLLSTÄNDIGE LISTE)

Wenn Sie mit China Handel treiben, werden Sie oft mit der Bürokratie zu tun haben. Die folgende Liste der chinesischen Institutionen und Ministerien wird Ihnen jederzeit helfen, denn wer mit China Handel treiben will, wird sich mit den zuständigen Stellen im Bereich des angestrebten Geschäftes in Verbindung setzen müssen.

Arbeitsministerium	劳动部	láo dòng bù
Außenministerium	外交部	wài jiāo bù
Bauministerium	建设部	jiàn shè bù
Eisenbahnministerium	铁道部	tiě dào bù
Finanzministerium	财政部	cái zhèng bù
Justizministerium	司法部	sī fǎ bù
Die Kommunistische Partei Chinas	中国共产党	zhōng guó gòng chǎn dǎng
Ministerium für Energiequellen	能源部	néng yuán bù
Ministerium für öffentliche Sicherheit	公安部	gōng ān bù
Ministerium für personelle Angelegenheiten	人事部	rén shì bù
Ministerium für Staatssicherheit	国家安全部	guó jiā ān quán bù
Ministerium für zivile Angelegenheiten	民政部	mín zhèng bù
Überwachungsministerium	监察部	jiān chá bù
Verkehrsministerium	交通部	jiāo tōng bù
Verteidigungsministerium	国防部	guó fáng bù

15 SICH VORSTELLEN

1 Wir kennen uns alle, nicht wahr?

2 Stellen wir uns reihum vor, um uns kennenzulernen.

3 Ich heiße ...

4 Ich bin Großhändler.

5 Seit zwei Jahren arbeite ich in der Buchhaltung.

6 Ich arbeite in der Import-Exportfirma.

7 Zuvor habe ich in anderen Unternehmen gearbeitet.

8 Ich bin gerade zum Direktor / zur Direktorin ernannt worden.

9 Ich habe ein Praktikum bei der Firma ... gemacht.

10 Ich ersetze ...

11 Ich leite die juristische Abteilung.

12 Ich bin Teamchef / Teamchefin.

13 Ich kenne diesen Wirtschaftszweig gut.

14 Ich bin der Präsident / die Präsidentin der Firma X.

15 Ich vertrete die Geschäftsleitung.

15 介绍: jiè shào

1 我们互相都认识，对吧？
wǒ men hù xiāng dōu rèn shí, duì ba?

2 大家轮流介绍一下…
dà jiā lún liú jiè shào yí xià.

3 我叫…
wǒ jiào…

4 我是批发商。
wǒ shì pī fā shāng.

5 我在会计部工作了两 年。
wǒ zài kuài jì bù gōng zuò le liǎng nián.

6 我在进出口公司工作。
wǒ zài jìn chū kǒu gōng sī gōng zuò.

7 以前我在另一家公司工作。
yǐ qián wǒ zài lìng yì jiā gōng sī gōng zuò.

8 我刚刚被任命为经理。
wǒ gāng gāng bèi rèn míng wéi jīng lǐ.

9 我曾在… 公司实习。
wǒ céng zài… gōng sī shí xí.

10 我代替…
wǒ dài tì…

11 我负责法律事务部。
wǒ fù zé fǎ lü` shì wù bù.

12 我是这组的负责人。
wǒ shì zhè zǔ de fù zé rén.

13 我很了解这个领域。
wǒ hěn liǎo jiě zhè gè lǐng yù.

14 我是XXX公司的董事长。
wǒ shì XXX gōng sī de dǒng shì zhǎng.

15 我代表领导部门。
wǒ dài biǎo lǐng dǎo bù mén.

16 Ich kenne die kaufmännische Abteilung sehr gut.

17 Das ist für mich eine neue Erfahrung.

18 Die Sitzung wird bald anfangen.

19 Das Seminar findet im Sitzungssaal statt.

20 Nehmen Sie bitte Ihre vorgesehenen Plätze ein.

21 Der Dank, dass ich mich heute vorstellen kann, gilt meinen Vorgesetzten.

22 Ich bitte Sie, während der Sitzung Ihre Handys ausgeschaltet zu lassen.

23 Das Thema unserer heutigen Sitzung ist ...

24 Wir werden folgende Probleme ansprechen ...

25 Haben Sie noch Fragen?

16 我很了解 业务组。
wǒ hěn liǎo jiě yè wù zǔ.

17 这对我来说是全新的经验。
zhè duì wǒ lái shuō shì quán xīn de jīng yàn.

18 会议马上要开始了。
huì yì mǎ shàng yào kāi shǐ le.

19 研讨会在会议室举行。
yán tǎo huì zài huì yì shì jǔ xíng.

20 请各位对号入座。
qǐng gè wèi duì hào rù zuò.

21 谢谢领导今天给我做自我介绍的机会。
xiè xiè lǐng dǎo jīn tiān gěi wǒ zuò zì wǒ jiè shào de jī huì.

22 开会时，请把手机关机，谢谢合作。
kāi huì shí, qǐng bǎ shǒu jī guān jī, xiè xiè hé zuò.

23 我们今天开会的主题是…
wǒ men jīn tiān kāi huì de zhǔ tí shì…

24 我们要讨论如下问题…
wǒ men yào tǎo lùn rú xià wèn tí…

25 有问题 吗 ？
yǒu wèn tí ma?

1 互相: *hù xiāng*: *gegenseitig* ❖ 认识: *rèn shí*: *kennen (sich schon begegnet sein)* ❖ 对: *duì*: *gerade* + 吧: *bǎ*: bejahende Interjektion = *nicht wahr?*

2 轮流: *lún liú*: *reihum*.

3 我叫…: *wǒ jiào…*: *ich heiße* (Vorname).

8 被任命为: *bèi rèn míng wéi*: *ernannt werden* + Funktion ❖ 经理: *jīng lǐ*: *Direktor(in)*.

9 曾在: *céng zài*: *in der Vergangenheit* ❖ 实习: *shí xí*: *Praktikum*.

10 代替: *dài tì*: *vertreten, eine Vertretung übernehmen*.

12 组: *zǔ*: *Team, Abteilung*.

13 了解: *liǎo jiě*: *kennen*, im Sinne von: *sich auf einem bestimmten Gebiet auskennen*.

14 董事长: *dǒng shì zhǎng*: *Präsident(in)* (einer Gesellschaft).

16 业务组: *yè wù zǔ*: *kaufmännische Abteilung*.

17 对我来说: *duì wǒ lái shuō*: *für mich*.

18 会议: *huì yì*: *Sitzung*.

19 研讨会: *yán tǎo huì*: *Seminar*.

22 关机: *guān jī*: *ausschalten* (Handy, Computer) ❖ 谢谢合作: *xiè xiè hé zuò*: *danke für Ihre Mitarbeit, danke für Ihr Verständnis*.

23 主题: *zhǔ tí*: *Thema* (einer Diskussion, einer Aufgabe usw.).

24 讨论: *tǎo lùn*: *über … diskutieren* ❖ 如下: *rú xià*: *folgend, weiter unten* ❖ 问题: *wèn tí*: *Frage, Problem*.

25 有: *yǒu*: *es gibt* ❖ 问题: *wèn tí*: *Frage*

LANDESKUNDE
PERSONAL: VORSTELLUNG

- Das Chinesische unterscheidet nicht zwischen Du und Sie. Dagegen gibt es eine Höflichkeitsform, die im Deutschen dem „*Sie*": 您 *nín* entspricht. So werden Sie jede Person, der Sie zum ersten Mal begegnen, die entweder älter ist oder hierarchisch höher steht (Direktor/Angestellter, Professor/Schüler usw.), anreden müssen.

- Bei der ersten Begegnung schütteln Sie Ihren männlichen Gesprächspartnern die Hand, begrüßen Sie durch Kopfnicken Ihre weiblichen Gesprächspartner (es sei denn, eine Hand wird Ihnen entgegengestreckt) und sagen Sie „*Ich bin erfreut, Sie kennenzulernen*": 认识您很高兴: *rèn shi nín hěn gāo xìng*, tauschen Sie

Ihre Visitenkarten aus (名片: míng piàn), indem Sie sie mit beiden Händen überreichen, und nehmen Sie auf gleiche Weise die Ihnen überreichten Visitenkarten als Zeichen der Höflichkeit und der Achtung Ihrem Mitarbeiter gegenüber in Empfang. Im Gegensatz zu Deutschland keine Küsse und keine Umarmung unter Kollegen. Der Umgang bleibt jedoch äußerst höflich.

- In China steht der Name vor dem Vornamen.
  Ihre Gesprächspartnerin **Wang Xiaoyan** heißt **Wang** mit Namen und mit Vornamen **Xiaoyan**. Es kommt selten vor, dass man sich mit dem Namen oder Vornamen anredet. Unter Freunden können die Adjektive 小 (xiǎo: *klein*) oder 老 (lǎo: *alt*) vor dem Namen stehen, aber es handelt sich um ganz persönliche Bezeichnungen.

- In der Arbeitswelt ist es üblich, jemanden mit seiner Funktion oder seinem Titel, und nicht mit seinem Familiennamen anzusprechen. Wenn Sie z. B. mit Herrn Wang, Direktor der Firma X, zusammenarbeiten, werden Sie ihn nicht 王先生 (*Herr Wang*), sondern 王经理 (*Direktor Wang*) nennen, es sei denn natürlich, er sagt Ihnen ausdrücklich, dass Sie ihn mit seinem Namen ansprechen können. Die Geschäftsleute kennen die westlichen Gewohnheiten sehr gut und werden keinen Anstoß daran nehmen, wenn Sie auf Grund Ihrer Begeisterung, in China zu arbeiten, und Ihrer Überschwänglichkeit diese Höflichkeitsregeln vergessen, die überall sehr respektiert werden. Gleiches gilt für die ganze Hierarchie des Unternehmens. Vergessen Sie nicht, dass der Titel nach dem Familiennamen steht.

- Ihr Fahrer (司机: sī jī) wird in Nordchina aus Höflichkeit 师夫: shī fū genannt (der Begriff *shifu* bedeutet ursprünglich *Meister*, höflicher – geben Sie es zu – als *Lehrling*). Im Süden, vor allem in Shanghai, scheinen die Bezeichnungen Xiaojie 小姐: xiǎo jiě und Xiansheng 先生: xiānsheng geläufiger zu sein, z. B. im Restaurant.

- Diese Vorstellungen sind nicht nur in der Geschäftswelt zu beachten, sondern auch im Alltag. Ihre Chinesischlehrerin, Frau Wang, wird für Sie Ihr 王老师: wáng lǎo shī sein. Keine Unterscheidung zwischen Herrn und Frau: Ihr Lehrer für Taijiquan, Herr Wang, wird ebenfalls Ihr 王老师 sein.

1 Wir werden eine landesweite Werbekampagne starten.

2 Wir werden eine neue Produktpalette auf den Markt bringen.

3 Wir werden die Qualität unserer Kundenbetreuung verbessern.

4 Wir werden ein Verbraucherpanel in Betracht ziehen.

5 Wir werden unsere Geschäftsräume vergrößern.

6 Wir werden unser Vertriebsnetz entwickeln.

7 Wir werden unsere eigene Internetseite eröffnen.

8 Wir werden unsere eigene Website eröffnen, um unser Unternehmen zu präsentieren.

9 Wir werden Fachleute für die Geschäftsverhandlungen einstellen.

10 Wir werden eine Marktanalyse durchführen.

11 Wir werden den chinesischen Markt angreifen.

12 Wir müssen unseren Platz in dieser Marktlücke finden.

13 Wir werden Werbung in den kostenlos verteilten Werbeblättchen machen.

14 Wir hoffen, Produkte zu entwickeln, die zu Markenprodukten werden.

15 Wir hoffen, Qualitätsprodukte herzustellen.

16A 计划: jì huà

1 我们要在全国范围内开始宣传活动。
  wǒ men yào zài quán guó fàn wéi nèi kāi shǐ xuān chuán huó dòng.

2 我们要推广一个新的系列产品。
  wǒ men yào tuī guǎng yí gè xīn de xì liè chǎn pin.

3 我们要改善客服部的服务质量。
  wǒ men yào gǎi shàn kè fú bù de fú wù zhì liàng.

4 我们要对一组消费者进行民意调查。
  wǒ men yào duì yì zǔ xiāo fèi zhě jìn xíng mín yì diào chá.

5 我们要扩大办公场所。
  wǒ men yào kuò dà bàn gōng chǎng suǒ.

6 我们要发展销售网络。
  wǒ men yào fā zhǎn xiāo shòu wǎng luò.

7 我们要创建自己的网站。
  wǒ men yào chuàng jiàn zì jǐ de wǎng zhàn.

8 我们要创建一个特殊的网站来介绍公司。
  wǒ men yào chuàng jiàn yí gè tè shū de wǎng zhàn lái jiè shào gōng sī.

9 我们要招聘一些商业谈判专家。
  wǒ men yào zhāo pìn yì xiē shāng yè tán pàn zhuān jiā.

10 我们要做一个市场调查。
   wǒ men yào zuò yí gè shì chǎng diào chá.

11 我们要进军中国市场。
   wǒ men yào jìn jūn zhōng guó shì chǎng.

12 我们要立足于这一特殊领域。
   wǒ men yào lì zú yú zhè yí tè shū lǐng yù.

13 我们要在免费发放的报纸上做广告。
   wǒ men yào zài miǎn fèi fā fàng de bào zhǐ shàng zuò guǎng gào.

14 我们希望创建名牌产品。
   wǒ men xī wàng chuàng jiàn míng pái chǎn pǐn.

15 我们希望生产优质产品。
   wǒ men xī wàng shēng chǎn yōu zhì chǎn pǐn.

16 Das Wichtigste ist, das Vertrauen unserer Kundschaft zu gewinnen.

17 Die Verhandlungen sind mühsam.

18 Wir müssen unsere Verhandlungsstrategie gut vorbereiten.

19 Wir müssen eine aggressivere Strategie festlegen.

20 Wir müssen unsere Initiativen besser bekannt machen.

21 Wir müssen diese neue Herausforderung akzeptieren.

22 Wir müssen unseren Etat zur Weiterbildung des Personals erhöhen.

23 Wir müssen eine Werbeagentur einschalten.

24 Wir müssen einen Fachmann in Anspruch nehmen.

25 Wir müssen in Betracht ziehen, unser Team zu erweitern.

26 Wir müssen einen Umzug vermeiden.

27 Wir müssen Computer zur Verfügung stellen.

28 Wir müssen neue Farbkataloge drucken.

29 Jeder Angestellte muss eine Visitenkarte haben.

30 Wenn wir uns anstrengen, werden wir es schaffen.

16 关键要取得客户的信任。
guān jiàn yào qǔ dé kè hù de xìn rèn.

17 谈判将会很艰难。
tán pàn jiāng huì hěn jiān nán.

18 我们要准备好谈判策略。
wǒ men yào zhǔn bèi hǎo tán pàn cè lüè.

19 我们制定一个更具进攻性的策略。
wǒ men zhì dìng yí gè gèng jù jìn gōng xìng de cè lüè.

20 我们应更好地让人了解我们的首创精神。
wǒ men yīng gèng hǎo de ràng rén liǎo jiě wǒ men de shǒu chuàng jīng shén.

21 我们应该接受这个新的挑战。
wǒ men yīng gāi jiē shòu zhè gè xīn de tiǎo zhàn.

22 我们应该提高人员培训的预算。
wǒ men yīng gāi tí gāo rén yuán péi xùn de yù suàn.

23 我们应该转交给一个广告商。
wǒ men yīng gāi zhuǎn jiāo gěi yí gè guǎng gào shāng.

24 我们应该找个专家帮忙。
wǒ men yīng gāi zhǎo gè zhuān jiā bāng máng.

25 我们应该考虑扩大团队。
wǒ men yīng gāi kǎo lü` kuò dà tuán duì.

26 我们应避免搬家。
wǒ men yīng bì miǎn bān jiā.

27 我们应提供电脑。
wǒ men yīng tí gòng diàn nǎo.

28 我们应该打印新的彩色产品名录。
wǒ men yīng gāi dǎ yìn xīn de cǎi sè chǎn pǐn míng lù.

29 每个职员都应有名片。
měi gè zhí yuán dōu yīng yǒu míng piàn.

30 只要努力就可以成功。
zhǐ yào nǔ lì jiù kě yǐ chéng gōng.

1 要: yào: *wollen*. Hier hat es die Bedeutung einer nahen Zukunft = *wir werden*.

2 系列产品: *Produktpalette*.

4 消费者: xiāo fèi zhě: *Verbraucher/Verbraucherinnen:* 者: zhě: nach einem Adjektiv oder einem Verb zur Bildung eines Substantivs, das eine Person oder eine Sache bezeichnet. Z. B.: *verbrauchen:* xiāo fèi: 消费 ❖ *Verbraucher/Verbraucherin:* xiāo fèi zhě: 消费者.

7 创建: chuàng jiàn: *gründen* ❖ 自己: zì jǐ: *eigen* (Besitzverhältnis) ❖ 网站: wǎng zhàn: *Netz*.

8 特殊: tè shū: *besondere(r) (wenig alltäglich)* ❖ 来: lái: *um ... zu.*

9 招聘: pìn yì: *Einstellung*.

11 进军: jìn jūn: *angreifen*.

12 立足: lì zú: *seinen Platz finden* ❖ 特殊领域: tè shū lǐng yù: *Spezialgebiet*.

16 关键: guān jiàn: *Hauptpunkt, entscheidender Punkt, Angelpunkt* (zu übersetzen mit: *Die Hauptsache ist, zu ...*).

17 谈判: tán pàn: *Verhandlung*.

20 让人了解: ràng rén liǎo jiě: *es so anstellen, dass die Leute ... besser kennen* ❖ 让: ràng: *bewirken, dass ...* ❖ 人: rén: *Leute, Person, jemand* ❖ 了解: liǎo jiě: *gut kennen, zur Kenntnis nehmen*.

22 预算: yù suàn: *Etat*.

23 转交: zhuǎn jiāo: *einschalten*.

25 考虑: kǎo lü᷄: *nachdenken, betrachten, in Betracht ziehen, berücksichtigen*.

26 避免: bì miǎn: *vermeiden, umgehen, sich einer Sache entziehen, ausweichen, um etwas herumkommen*.

WIE GIBT MAN PROZENTSÄTZE AN?

百分: bǎi fēn: *Prozent* | 之: zhī: *von*

Achtung, das Chinesische gibt den Prozentsatz im Vergleich zum Deutschen in der umgekehrten Reihenfolge an. *„dreißig Prozent"* heißt *„Prozent von dreißig"*.

100 %	百分之百	bǎi fēn zhī bǎi
30 %	百分之三	bǎi fēn zhī sān

Eine Ermäßigung geben: 打折扣: dǎ zhé koù

Auf diesen Artikel gibt es eine Ermäßigung von 50%:
这个产品打五折: zhè gè chǎn pǐn dǎ wǔ zhé.

Geben Sie heute einen Preisnachlass?
今天打折吗? jīn tiān dǎ zhé ma?

LANDESKUNDE
成语: chéngyǔ *(Ausdruck mit vier Schriftzeichen)*

- *Chengyu* sind chinesische sprichwörtliche Redensarten mit vier Schriftzeichen, die im Klassischen Chinesisch gebraucht werden (文言: wén yán). Sie kommen im Chinesischen sehr häufig vor und werden in der Umgangssprache benutzt. *Chengyu* achten weder auf die Grammatik noch auf die Syntax des heutigen gesprochenen Chinesisch. Um sie zu verstehen, muss man Klassisches Chinesisch gelernt haben.

- *Chengyu* beziehen sich oft auf eine historische oder mythologische Begebenheit, die man kennen muss, um den eigentlichen Sinn eines *chengyu* zu entschlüsseln. Ein berühmtes *chengyu*, das Ihnen helfen wird, Ihr Vertrauen in Ihre Geschäfte zu stärken, gibt in vier Schriftzeichen die Vorstellung vom absoluten Vertrauen in den eigenen Sieg wieder:
破釜沉舟: pò fǔ chén zhōu: *brechen | Kessel | versenken | Schiff*

- Die historische Anekdote ist folgende: Ein General, der an seinen Sieg glaubte und jede Rückzugsmöglichkeit für seine Gegner ausschließen wollte, bat seine Truppen, alle Küchenutensilien zu zerstören (破釜) und die Schiffe zu versenken (沉舟). Er gewann die Schlacht.

16B ERGEBNISSE

1 Unser neuer Betrieb wird im nächsten Juni einsatzbereit sein.

2 Unsere Produkte werden von nun an in der Wangfujing verkauft.

3 Wir haben Marktanteile gewonnen.

4 Unsere Werbekampagne ist uns gelungen.

5 Die Verkaufsergebnisse sind hervorragend.

6 Es war nicht richtig, mit diesem Unternehmen zusammenzuarbeiten.

7 Wir haben unsere Ziele erreicht.

8 Die Zunahme unserer Ausfuhren ist sichtbar.

9 Diese Arbeit hat sich als leichter erwiesen, als man sich vorstellen konnte.

10 Wir haben unseren Jahresplan erfüllt.

11 Die Bilanz ist außerordentlich gut.

1 新工厂6月份可以投入使用。
xīn gōng chǎng liù yuè fèn kě yǐ tóu rù shǐ yòng.

2 今后我们的产品将在王府井出售。
jīn hòu wǒ men de chǎn pǐn jiāng zài wáng fǔ jǐng chū shòu.

3 我们赢得了部分市场份额。
wǒ men yíng dé le bù fēn shì chǎng fèn é.

4 我们的广告宣传很成功。
wǒ men de guǎng gào xuān chuán hěn chéng gōng.

5 销售业绩非常好。
xiāo shòu yè jì fēi cháng hǎo.

6 我们不应该和这家公司合作。
wǒ men bù yīng gāi hé zhè jiā gōng sī hé zuò.

7 我们达到了目的。
wǒ men dá dào le mù dì.

8 出口取得了明显的进步。
chū kǒu qǔ dé le míng xiǎn de jìn bù.

9 这工作比想象得要容易。
zhè gōng zuò bǐ xiǎng xiàng de yào róng yì.

10 我们已完成年度计划。
wǒ men yǐ wán chéng nián dù jì huà.

11 资产负债情况非常好。
zī chǎn fù zhài qíng kuàng fēi cháng hǎo.

12 Im Vergleich zum Vorjahr sind unsere Gewinne gesunken.

13 Sie sind verschuldet.

14 Es war falsch, mit ihnen zusammenzuarbeiten.

15 Es gelingt ihnen nicht, ihre Schulden zurückzuzahlen.

16 Sie müssen in großer Anzahl entlassen.

17 Sie mussten Kredite bei der Bank of China aufnehmen.

18 Sie brauchen liquide Mittel.

19 Ihre Arbeitskräfte sind nicht qualifiziert.

20 Ihre Produkte von schlechter Qualität sind nicht verkauft worden.

21 Diese Arbeit wurde zu schnell verrichtet. Sie muss noch einmal gemacht werden.

22 Wir suchen gerade neue effizientere Partner.

23 Die Jahresergebnisse sind besser als die vom Vorjahr.

24 Wir müssen noch besser werden.

12 和去年相比我们的利润降低了。
hé qù nián xiāng bǐ, wǒ men de lì rùn jiàng dī le.

13 他们 (她们) 负债了。
tā men (tā men) fù zhài le.

14 我们不应和他们 (她们) 合作。
wǒ men bù yīng hé tā men (tā men) hé zuò.

15 他们 (她们) 无法偿还债务。
tā men (tā men) wú fǎ cháng huán zhài wù.

16 他们 (她们) 得辞退很多员工。
tā men (tā men) děi cí tuì hěn duō yuán gōng.

17 他们 (她们) 不得不向中国银行贷款。
tā men (tā men) bù dé bù xiàng zhōng guó yín háng dài kuǎn.

18 他们 (她们) 需要流动资金。
tā men (tā men) xū yào liú dòng zī jīn.

19 他们 (她们) 的劳动力不合格。
tā men (tā men) de láo dòng lì bù hé gé.

20 他们 (她们) 的次品没卖出去。
tā men (tā men) de cì pǐn méi mài chū qù.

21 工作完成得太快了。必须重来。
gōng zuò wán chéng de tài kuài le, bì xū chóng lái.

22 我们正在寻找更有效率的新的合作伙伴。
wǒ men zhèng zài xún zhǎo gèng yǒu xiào lü` de xīn de hé zuò huǒ bàn.

23 今年的结果比去年好。
jīn nián de jié guǒ bǐ qù nián hǎo.

24 我们还应做得更好。
wǒ men hái yīng zuò dé gèng hǎo.

1 投入使用:tóu rù shǐ yòng: *einsatzbereit sein, funktionsfähig.*

2 今后: jīn hòu: *ab heute.* Wird oft mit *von nun an* übersetzt. 王府井: Wangfujing: eine der bekanntesten Einkaufsstraßen in Peking.

3 赢得:yíng dé: *gewinnen, erwerben, erobern.* 赢得时间:yíng dé shí jiān: *Zeit gewinnen.*

4, 5, 11 Beachten Sie, dass das Verb *sein* im Chinesischen weggelassen wird.

7 Achten Sie auf die Aussprache des Schriftzeichens 的 im Ausdruck 目的:mù dì.

8 取得:qǔ dé: *bekommen, erwerben, gewinnen* ❖ 进步:jìn bù: *Weiterentwicklung, Fortschritt.*

9 想象:xiǎng xiàng: **1.** *sich etwas vorstellen, vermuten, sich ausmalen.* **2.** *Vorstellungskraft* ❖ 想象力: xiǎng xiàng lì: *Vorstellungskraft.*

10 已: *schon,* Kurzform von 已经: yǐ jīng ❖ 完成: wán chéng: *verwirklichen, zu einem guten Ende führen.* 完成工作: wán chéng gōng zuò: *seine Arbeit gut zu Ende führen* ❖ 年度:nián dù: *Jahr* (im Sinn von: *Steuerjahr, Haushaltsjahr, Jahresabschluss* usw.).

13 了:le drückt eine neue Situation aus (Achtung: nicht mit dem Kennzeichen für die Vergangenheit verwechseln).

15 无法: wú fǎ: *keine Lösung haben, etwas nicht machen können, unfähig sein zu, außerstande sein zu, nicht imstande sein zu* (无: wu: *nicht, ohne, in-/un-* ❖ 办法: bàn fǎ: *Mittel, Maßnahme*).

17 不得不:bù dé bù: *gezwungen sein etwas zu tun, keine andere Wahl haben als.* 我不得不去:wǒ bù dé bù qù: *ich muss gehen* ❖ 中国银行:zhōng guó yín háng: *Bank of China.*

20 次: cì: *von minderer Qualität, zweite Wahl, minderwertig* ❖ 次品:cì pǐn: *Produkt schlechter Qualität* ❖ 没卖出去:méi mài chū qù: *nicht verkauft worden sein.*

24 Beachten Sie die Wortstellung im Satz: 还: hái: *noch* | 应: yīng: *müssen* | 做:zuò: *tun* | Verb + 得: dé: *so tun, dass* | 更好:gèng hǎo: *besser.*

LANDESKUNDE
DIE CHINESISCHEN INSTITUTIONEN UND MINISTERIEN – II
(UNVOLLSTÄNDIGE LISTE)

Handelsministerium   商业部   shāng yè bù

Ministerium für Außenhandel und wirtschaftliche Zusammenarbeit
    对外经济贸易部   duì wài jīng jì mào yì bù

Ministerium für chemische Industrie
    化学工业部   huà xué gōng yè bù

Ministerium für Gesundheitswesen   卫生部   wèi shēng bù

Ministerium für Landwirtschaft   农业部   nóng yè bù

Ministerium für Leichtindustrie
    轻工业部   qīng gōng yè bù

Ministerium für Luft- und Raumfahrtindustrie
    航空航天工业部   háng kōng háng tiān bù

Ministerium für Maschinenwesen und Elektronik
    电子机械工业部   diàn zǐ jī xié gōng yè bù

Ministerium für Radio, Film und Fernsehen
    广播电影电视部   guǎng bō diàn shì bù

Ministerium für Textilindustrie
    纺织工业部   fǎng zhī gōng yè bù

Ministerium für Waldwirtschaft   林业部   lín yè bù

Ministerium für Wasserwirtschaft   水利部   shǐ lì bù

Staatliche Abteilung für ausländische Experten
    国家外国专家局   guó jiā wài guó zhuān jiā jú

*Staatliche Kommission für die Kontrolle der eingeführten und aus-
geführten Waren*
    中华人民共和国进出口商品检查局
    zhōng huá rén mín gòng hé guó jì chū kǒu shāng pǐn jiǎn chá jú

Staatliche Kommission für die Preisbildung
    国家物价局   guó jiā wù jià jú

Staatliche Kommission für Steuerangelegenheiten
    国家税务局   guó jiā shuì wù jú

Staatliche Kommission für Umweltschutz
    国家环境保护局   guó jiā huán jìng bǎo hù jú

1 Es ist schwer, das Soll zu erreichen.

2 Wir müssen die Produktionsquote erfüllen.

3 Unsere Verkäufe sind um 2% gestiegen.

4 Wir verkaufen ihnen jährlich 2.000 bis 3.000 Artikel.

5 Wir nehmen ihnen jährlich mehr als 6.000 Produkte ab.

6 Wir bekommen täglich Hunderte von E-Mails.

7 Anlässlich der Einweihung haben wir mehr als 600 Einladungen verschickt.

8 Zwei Drittel unserer Kunden/Kundinnen sind zwischen dreißig und vierzig Jahre alt.

9 Viele Leute erkundigen sich telefonisch.

10 Nur wenige Kunden / Kundinnen bestellen per Internet.

11 Dies ist unser größter Umsatz seit drei Jahren.

12 Tausende von Artikeln sind fehlerhaft.

13 Der Prozentsatz beträgt 14%.

14 Die Versicherungskosten müssen verringert werden.

1 定额很难完成。
dìng é hěn nán wán chéng.

2 我们应该完成生产定额。
wǒ men yīng gāi wán chéng shēng chǎn dìng é.

3 销售增长了2％。
xiāo shòu zēng zhǎng le bǎi fēn zhī èr.

4 我们每年卖给他们2000 – 3000件产品。
wǒ men měi nián mài gěi tā men liǎng qiān – sān qiān jiàn chǎn pǐn.

5 我们每年从他们 那里购买6000多件产品。
wǒ men měi nián cóng tā men nà lǐ gòu mǎi liù qiān duō jiàn chǎn pǐn.

6 我们每天都收到几百封邮件。
wǒ men měi tiān dōu shōu dào jǐ bǎi fēng yóu jiàn.

7 开幕式期间，我们发出了600多封请柬。
kāi mù shì qī jiān, wǒ men fā chū le liù bǎi duō fēng qǐng jiǎn.

8 我们三分之二的客户都在30 – 40岁之间。
wǒ men sān fēn zhī èr de kè hù dōu zài sān shí dào sì shí suì zhī jiān.

9 很多人通过电话咨询。
hěn duō rén tōng guò diàn huà zī xún.

10 只有很少的顾客通过网络订货。
zhǐ yǒu hěn shǎo de gù kè tōng guò wǎng luò dìng huò.

11 这是我们3年来的最高营业额。
zhè shì wǒ men sān nián lái de zuì gāo yíng yè é.

12 几千件商品都有缺陷。
jǐ qiān jiàn shāng pǐn dōu yǒu quē xiàn.

13 这代表了14％。
zhè dài biǎo le bǎi fēn zhī shí sì.

14 必须减少保险费。
bì xū jiǎn shǎo bǎo xiǎn fèi.

15 Unsere Gewinnspanne wird immer geringer.

16 Dieses Jahr zählt unsere Belegschaft die doppelte Anzahl von Angestellten.

17 Innerhalb eines Jahres hat sich der Preis dieses Artikels verdoppelt.

18 Die Preise steigen, die Steuern ebenfalls.

19 Der Verkauf stagniert.

20 Wir organisieren eine fünftägige Geschäftsreise.

21 Der Umsatz steigt / sinkt.

22 Wir haben immer mehr Kunden.

23 Unsere Kunden sind zahlreich.

24 Wir haben zahlreiche Kunden, die uns gratulieren.

25 Diese Zahlen können unmöglich falsch sein.

26 Sie haben das Fünffache vom letzten Jahr verdient.

27 Sie werden ein Geschäft auf einer Grundfläche von 10.000 m² eröffnen.

28 Die Kiste ist 4 m hoch, 6 m breit, 1 m tief.

29 Die Kiste ist groß, wiegt aber nicht einmal 3 kg.

15 我们的利润越来越少。
wǒ men de lì rùn yuè lái yuè shǎo.

16 今年我们的人数翻了一番。
jīn nián wǒ men de rén shù fān le yī fān.

17 这件商品的价格一年内翻了一倍。
zhè jiàn shāng pǐn de jià gé yī nián nèi fān le yī bèi.

18 价格涨了，税收也涨了。
jià gé zhǎng le, shuì shōu yě zhǎng le.

19 销售停滞。
xiāo shòu tíng zhì.

20 我们组织一次为期5天的商务旅行。
wǒ men zǔ zhī le yí cì wéi qī wǔ tiān de shāng wù lüˋ xíng.

21 营业额上升了 / 下降了。
yíng yè é shàng shēng le / xià jiàng le.

22 我们的客户越来越多。
wǒ men de kè hù yuè lái yuè duō.

23 我们有很多客户。
wǒ men yǒu hěn duō kè hù.

24 很多客户向我们表示祝贺。
hěn duō kè hù xiàng wǒ men biǎo shì zhù hè.

25 这些数字里不可能有错误。
zhè xiē shù zì lǐ bù kě néng yǒu cuò wù.

26 他们（她们）今年比去年多挣了5倍的钱。
tā men (tā men) jīn nián bǐ qù nián duō zhèng le wǔ bèi de qián.

27 他们（她们）开了一个10000平米的商店。
tā men (tā men) kāi le yí gè yí wàn píng mǐ de shāng diàn.

28 箱子高4米，长6米，宽1米。
xiāng zi gāo sì mǐ, cháng liù mǐ, kuān yì mǐ.

29 箱子虽然很大，但只有3公斤。
xiāng zi suī rán hěn dà, dàn zhǐ yǒu sān gōng jīn.

1 很难: hěn nán: *schwer* steht vor dem Verb. Das Subjekt steht oft am Satzanfang, im Gegensatz zum Deutschen.

4 每年: měi nián: *jedes Jahr, alle Jahre.* Wie alle Zeitangaben steht es nach dem Subjekt ❖ 件: jiàn: Zähleinheitswort von *Produkten, Kleidungsstücken.*

5 从: cóng: *von, aus* ❖ 他们那里: tā men nà lǐ: *sie* ❖ 购买: gòu mǎi: *kaufen = wir nehmen ihnen ab* ❖ (Zahl) gefolgt von 多: duō: *mehr als* (Zahl).

6 邮件: yóu jiàn: *E-Mail.*

7 开幕式: kāi mù shì *Einweihung* ❖ 期间: qī jiān: *Zeitraum = bei der Einweihung.*

9 通过: tōng guò: *durch, mittels.* Diese Formulierung wird im Deutschen nicht verwendet; im Chinesischen hingegen ist sie verbindlich. ❖ 电话: diàn huà: *Telefon* ❖ 咨询: zī xún: *sich erkundigen.*

10 网络订货: wǎng luò dìng huò: *Internetbestellung.*

11 寄: jì: *schicken* (per Post) (邮局: yóu jú: *die Post*) ❖ 份: fèn: Zähleinheitswort *Katalog, Zeitschriften* usw.

16, 17 人数: rén shù: *Personenzahl* ❖ 翻: fān: **1.** *drehen, umdrehen, umkippen, umstürzen.* 车翻了: chē fān le: *Das Auto hat sich überschlagen.* **2.** *durchsuchen.* **3.** *überschreiten, überqueren.* 翻墙: fān qiáng: *eine Mauer durchbrechen* **4.** *sich vermehren.* 产量翻了一翻: chǎn liàng fān le yī fān: *Der Ertrag hat sich verdoppelt.* 使产量翻两翻: shǐ chǎn liàng fān liǎng fān: *die Produktion vervierfachen.* 翻了倍: fān le yī bèi: *verdoppeln.*

18 也: yě + Wiederholung des Verbs: *auch.* (Vergessen Sie nicht, nach 也 das Verb zu wiederholen, sonst ist der Satz im Chinesischen unvollständig.)

22 Beachten Sie, dass das Verb *sein* im Chinesischen weggelassen wird.

23 Beachten Sie den Unterschied zwischen Satz 23, wo das Verb *haben* nicht weggelassen werden kann, und dem Satz 24, in dem es möglich ist.

26 Beachten Sie den Unterschied in der grammatischen Konstruktion: 多: duō + Substantiv = *viel* ❖ 多 duō + Verb = *mehr Verb.*

27 开: kāi: *eröffnen* (ein Geschäft, eine Niederlassung usw.).

28 Merken Sie sich die Wortstellung im Chinesischen ❖ 箱子: xiāng zī: *Kiste, Kasten, Koffer* ❖ 高: gāo: *Höhe* ❖ 米: mǐ: *Meter* ❖ 长: cháng: *Länge* ❖ 宽: kuān: *Tiefe* (Breite).

LANDESKUNDE
DIE ZAHLEN: EINEN SCHECK AUSSTELLEN

Für die Zahlen gibt es im Chinesischen zwei Darstellungsvarianten, um Streitfälle und Fälschungen zu vermeiden.

Ausgehend von dem Prinzip, dass die Zahl 1 (一: yī) mit einem senkrechten Strich versehen zur 10 (十: shí) wird, werden Sie die Wichtigkeit dieses Zahldarstellungssystems verstehen, das für Schecks, Rechnungen usw. gilt. In der untenstehenden Tabelle finden Sie die beiden Darstellungsvarianten für die Zahlen. (Anmerkung: Die Zehner haben eine eigene Zahldarstellung, wie in der Tabelle angegeben. Für die anderen Zahldarstellungen, siehe die Tabelle am Ende des Buches.)

Zahl	einfach	Variante im Finanzwesen	Pinyin
0	0	零	líng
1	一	壹	yī
2	二	贰	èr
3	三	叁	sān
4	四	肆	sì
5	五	伍	wǔ
6	六	陆	liù
7	七	柒	qī
8	八	捌	bā
9	九	玖	jiǔ
10	十	拾	shí
20	廿		niàn
30	卅		sà
40	卌		xì
100	百	佰	bǎi
1.000	千	仟	qiān

1 Sind alle einverstanden?

2 Stimmen Sie mir zu?

3 Ich stimme mit Ihrem Standpunkt überein.

4 Ich bin mit Ihrer Auffassung völlig einverstanden.

5 Ich denke, dass Sie recht haben.

6 Ich habe nichts dagegen.

7 Ich denke, dass Ihre Worte vernünftig sind.

8 Ich bin mit dem, was Sie gesagt haben, einverstanden.

9 Dieser Bericht hat meine volle Zustimmung.

10 Ich stimme Ihrer Planung voll und ganz zu.

11 Sie haben recht (Übersetzung 1).

12 Sie haben recht (Übersetzung 2).

13 Ich bin voll und ganz mit Ihnen einverstanden.

18A 不同意: tóng yī, bù tóng yì

1 大家都同意吗？
dà jiā dōu tóng yì ma?

2 您同意我的意见吗？
nín tóng yì wǒ de yì jiàn ma?

3 我同意您的看法。
wǒ tóng yì nín de kàn fǎ.

4 我完全同意您的意见。
wǒ wán quán tóng yì nín de yì jiàn.

5 我认为您是对的。
wǒ rèn wéi nín shì duì de.

6 我不反对。
wǒ bù fǎn duì.

7 我认为您讲的很有道理。
wǒ rèn wéi nín jiǎng de hěn yǒu dào lǐ.

8 我很满意您的发言。
wǒ hěn mǎn yì nín de fā yán

9 我完全同意这个报告。
wǒ wán quán tóng yì zhè gè bào gào.

10 我同意这个安排。
wǒ tóng yì zhè gè ān pái

11 我和您观点一样。
wǒ hé nín guān diǎn yí yàng.

12 您说得对。
nín shuō de duì.

13 我完全同意您的说法。
wǒ wán quán tóng yì nín de shuō fǎ.

14 Ich bin sehr überrascht ...

15 Ich kann nicht zustimmen.

16 Ich bin ganz und gar nicht einverstanden.

17 Ich kann nur widersprechen.

18 Es ist nicht sicher, dass ich einverstanden bin.

19 Ich weiß nicht, was ich denken soll.

20 Ich bin mit dieser Vorgehensweise nicht einverstanden.

21 Es empfiehlt sich, gut darüber nachzudenken, bevor dieses Problem behandelt wird.

22 Ja, aber es gibt etwas, was Sie nicht wissen.

23 Ich verstehe nicht gut.

24 Selbstverständlich können wir heute nicht alle Probleme regeln.

25 Dieses Problem ist heikel.

26 Zuerst müssen wir dieses schwierige Problem lösen.

27 Nein, nicht wirklich.

28 Nein, nicht immer.

14 我感到意外…
wǒ gǎn dào yì wài.

15 我不能同意。
wǒ bù néng tóng yì.

16 我一点也不同意。
wǒ yì diǎn yě bù tóng yì.

17 我只能反对。
wǒ zhǐ néng fǎn duì.

18 我不一定同意。
wǒ bù yí dìng tóng yì.

19 我不知道怎么想…
wǒ bù zhī dào zěn me xiǎng…

20 我反对这种做法。
wǒ fǎn duì zhè zhòng zuò fǎ.

21 处理问题前应该认真考虑。
chù lǐ wèn tí qián yīng gāi rèn zhēn kǎo lü`.

22 是的，不过还有您不知道的事情。
shì de, bú guò hái yǒu nín bù zhī dào de shì qīng.

23 我不太明白…
wǒ bú tài míng bái…

24 当然，今天我们不可能解决所有的问题。
dāng rán, jīn tiān wǒ men bù néng jiě jué suǒ yǒu de wèn tí.

25 这个问题真棘手。
zhè gè wèn tí zhēn jí shǒu.

26 我们首先必须得解决难题。
wǒ men shǒu xiān bì xù děi jiě jué nán tí.

27 不完全是这样。
bù wán quán shì zhè yàng.

28 不总是这样的。
bù zǒng shì zhè yàng de.

Manche im Deutschen identischen Sätze lassen sich unterschiedlich ins Chinesische übersetzen; deshalb sind folgende chinesischen Beispiele wortwörtlich durchzugehen.

1 Dieser Satz bedeutet, Sie erwarten, dass alle mit Ihrem Standpunkt übereinstimmen; im Chinesischen ist dieser Satz keine direkte Frage.

2 Diese Frage kann als direkte Frage angesehen werden; trotzdem kann die Antwort Ihres Gesprächspartners eher positiv als negativ sein. Um sich zu vergewissern, müssen Sie weiterfragen.

3 同意:tóng yì: *einverstanden sein*.

5 认为:rèn wéi: *glauben, betrachten* ❖ 对:duì: *korrekt*.

6 不:bù: *nicht* ❖ 反对:fǎn duì: *dagegen sein*.

8 有道理:yǒu dào lǐ: *Sinn haben, sinnvoll sein, mit Verstand gesegnet sein*.

9 满意:mǎn yì: *zufrieden sein* ❖ 发言:fā yán: *Rede*.

10 和… 一样:hé… yí yàng: *gleich sein* ❖ 观点:guān diǎn: *Meinung, Äußerungen, Ideen*.

12 完全同意:wán quán tóng yì: *ganz und gar einverstanden sein*.

14 感到意外:gǎn dào yì wài: *überrascht sein* (im Chinesischen nicht zu verwechseln mit „erstaunt").

15 不能同意:bù néng tóng yì: *nicht einverstanden sein können*.

16 一点也不:yì diǎn yě bù: *ganz und gar nicht*.

17 只能:zhǐ néng: *nur können, nicht anders können als*.

18 不一定:bù yí dìng: *nicht sicher sein (einverstanden zu sein)*

20 反对:fǎn duì: *sich widersetzen* (mit Vorsicht zu gebrauchen ...).

21 考虑:kǎo lǜ: *überlegen*.

22 是的，不过…:shì de, bú guò… *ja, aber ...*

23 不太:bú tài: *nicht zu viel / zu sehr* ❖ 明白:míng bái: *verstehen* (im Sinn von: *Ich bin nicht sicher, gut zu verstehen*).

24 当然:dāng rán: *selbstverständlich*.

27 不完全:bù wán quán: *nicht ganz* ❖ 是:shì: *sein* ❖ 这样:zhè yàng: *so* (im Sinn von: *Die Dinge sind nicht so*).

GRAMMATIK
DIE VERNEINUNG

- Im Chinesischen wird die Verneinung durch die Partikel 不: bù: *nein, nicht* ausgedrückt. Sie steht vor dem Verb.
  Zum Beispiel das Verb *sein* 是: shì (drückt eine Identität oder einen Zustand aus; ihm folgt immer ein Substantiv) lautet in der verneinten Form 不是: bù shì.
  Das gilt gleichermaßen für alle anderen Verben.

- Beachten Sie die Ausnahme, die die Regel bestätigt: 有: yǒu: *haben*. Die Verneinung des Verbs *haben* lautet 没有: méi yǒu (das Verb *haben* <u>wird nicht mit der Negation 不 gebraucht</u>).
  Wenn das Subjekt des Satzes eine Orts- oder Zeitangabe ist, bedeutet das Verb 有 dann *geben*.

ANMERKUNG ZUR HÖFLICHKEIT:
SÄTZE, DIE EINE GEGENSÄTZLICHE MEINUNG AUSDRÜCKEN

- Die vorhin erwähnten Sätze, die eine gegensätzliche Meinung ausdrücken, Sie haben es sicher bemerkt, sind in eine indirekte und höfliche Form gefasst. Achten Sie darauf, dass Sie nie die Harmonie stören, und Ihren Gesprächspartner nie das Gesicht verlieren lassen.

- Diese Sätze sind außerdem mit Vorsicht zu gebrauchen. Im Chinesischen ist es immer besser, eine bejahende Form zu benutzen, auch wenn eine Einschränkung wie „*trotz*", „*jedoch*" danach kommt. Wenn Sie aber *gezwungen* sein sollten, sich direkt zu widersetzen, tun Sie es mit einem Lächeln ... Sie verlieren dann nicht das Gesicht, und Ihr Gesprächspartner auch nicht.

18B EINEN KOMPROMISS SCHLIESSEN

1 Ich muss zuerst darüber nachdenken.

2 Wir werden später noch einmal darüber sprechen.

3 Ich verstehe, was Sie meinen, aber ...

4 Wir sind bereit, uns mit dieser Frage zu befassen.

5 Wir stellen einige Bedingungen.

6 Ich werde Ihnen die Sachlage darstellen.

7 Ich bin sicher, dass wir durch Verhandlungen diesen Konflikt lösen können.

8 Ich muss zuerst die Zustimmung meiner Vorgesetzten bekommen.

9 Machen wir nicht zwei Dinge gleichzeitig.

10 Wenn wir gemeinsame Anstrengungen unternehmen, werden wir die Schwierigkeiten meistern.

11 Das Gegenteil wäre nicht ganz richtig.

12 Im Rahmen des Möglichen ...

13 Es handelt sich vielleicht um ein Missverständnis.

14 Mit anderen Worten brauchen wir noch etwas Zeit.

15 Morgen bekommen Sie unsere Antwort.

1 我先得考虑一下。
   wǒ xiān děi kǎo lü` yí xià.

2 我们以后再说吧!
   wǒ men yǐ hòu zài shuō ba!

3 我明白您的意思， 不过…
   wǒ míng bái nín de yì sī, bú guò…

4 我们可以考虑 这个问 题。
   wǒ men kě yǐ kǎo lü` zhè gè wèn tí.

5 我们有些条件。
   wǒ men yǒu xiē tiáo jiàn.

6 我将向您解释这件事情。
   wǒ jiāng xiàng nín jiě shì zhè jiàn shì qíng.

7 我相信通过谈判我们会解决这个争端。
   wǒ xiāng xìn tōng guò tán pàn wǒ men huì jiě jué zhè gè zhēng
   duān.

8 我先要得到领导的同意。
   wǒ xiān yào dé dào lǐng dǎo de tóng yì.

9 不要同时做两件事情。
   bú yào tóng shí zuò liǎng jiàn shì qíng.

10 只要我们同心协力，一定能够克服所有的困难。
   zhǐ yào wǒ men tóng xīn xié lì, yí dìng néng gòu kè fú suǒ yǒu de
   kùn nán.

11 这话反过来说就不一定对。
   zhè huà fǎn guò lái shuō jiù bù yí dìng duì.

12 在可能范围内…
   zài kě néng fàn wéi nèi…

13 我们可能有误会了…
   wǒ men kě néng yǒu wù huì le…

14 换句话说，我们还需要时间。
   huàn jù huà shuō, wǒ men hái xū yào shí jiān.

15 明天回答您的问题。
   míng tiān huí dá nín de wèn tí.

16 Es ist mir unangenehm, aber ich kann Ihre Bedingungen nicht akzeptieren.

17 In einem solchen Fall ist es ausgeschlossen, dass er / sie unserem Team angehört.

18 Ich werde mein Wort nicht zurücknehmen.

19 Wir haben schon unseren Vorgesetzten über diese Auffassungen berichtet. Tut uns leid.

20 Wir wollen nicht mehr darüber sprechen.

21 Das könnte unseren Plänen schaden.

22 Ausgeschlossen.

23 Es tut mir leid, aber es ist unmöglich so vorzugehen.

24 Es stört mich, entschuldigen Sie bitte.

25 Ich habe schon einmal nein gesagt.

26 Bestehen Sie nicht darauf.

27 Nein, es tut mir leid.

28 Ich glaube nicht, dass das eine gute Idee ist.

29 Wir haben keine andere Wahl.

30 Darf ich Sie unterbrechen?

16 真不好意思，但是我不能接受您的条件。
   zhēn bù hǎo yì sī, dàn shì wǒ bù néng jiē shòu nín de tiáo jiàn.

17 在同样的情况下, 他 (她) 不可能是我们队的…
   zài tóng yàng de qíng kuàng xià, tā (tā) bù kě néng shì wǒ men duì
   de…

18 一言为定，决不反悔!
   yì yán wéi dìng, jué bù fǎn huǐ!

19 这些意见，我们向领导反映过了。很抱歉。
   zhè xiē yì jiàn, wǒ men xiàng lǐng dǎo fǎn yìng guò le. hěn bào qiàn.

20 我们不想再谈了。
   wǒ men bù xiǎng zài tán le.

21 这可能妨碍我们计划的实现。
   zhè kě néng fáng ài wǒ men jì huà de shí xiàn.

22 这不可能。
   zhè bù kě néng.

23 很抱歉，您不能这样做。
   hěn bào qiàn, nín bù néng zhè yàng zuò.

24 非常抱歉， 我介意。
   fēi cháng bào qiàn, wǒ jiè yì.

25 我已说了，不行!
   wǒ yǐ shuō le, bù xíng!

26 您再坚持也没用。
   nǐ zài jiān chí yě méi yòng.

27 不行，对不起。
   bù xíng, duì bù qǐ.

28 不，我觉得这不是个好主意。
   bù, wǒ jué dé zhè bú shì gè hǎo zhǔ yì.

29 我们没有别的选择了。
   wǒ men méi yǒu bié de xuǎn zé le.

30 我打断您一下。
   wǒ dǎ duàn nín yí xià.

2 以后再说: yǐ hòu zài shuō: *später noch einmal darüber sprechen.* Dies ist ein Satz, den Sie oft hören werden, denn er ermöglicht Ihnen wie auch Ihrem Gesprächspartner eine spätere Antwort auf eine schwierige Frage, und dabei bleiben Sie äußerst höflich.

3 Indem Sie ausdrücklich behaupten, dass Sie Ihren Gesprächspartner verstehen, unterstellen Sie nicht, dass er nicht recht hat.

5 条件: tiáo jiàn: *Bedingungen stellen.* „Einige" Bedingungen haben mildert Ihre Worte und macht sie höflicher.

7 我相信: wǒ xiāng xìn: *ich bin sicher, dass.* Indem Sie diese Redewendung benutzen, eröffnen Sie die Verhandlungen, anstatt sie mit einem „ich bin nicht einverstanden" zu beenden. ❖ 谈判: tán pàn: *Verhandlung.*

8 Diesen Satz werden Sie oft zu hören bekommen. Machen Sie Gebrauch davon!

9 同时: tóng shí: *gleichzeitig.*

10 只要… 一定… zhǐ yào… yí dìng: diese Redewendung ermöglicht es Ihnen, auszudrücken, dass Sie nicht einverstanden sind, bei gleichzeitigem Einräumen einer möglichen Lösung. Sehr nützlich!

13 误会: wù huì: *Missverständnis.* So machen Sie deutlich, dass der Fehler sowohl bei Ihnen als auch bei Ihrem Gesprächspartner liegt, ohne Schuldzuweisung.

14 换句话说: huàn jù huà shuō: *mit anderen Worten …*

16 真不好意思: zhēn bù hǎo yì sī: *jemandem unangenehm sein.* So müssen Sie jeden Satz anfangen, wenn Sie nicht einverstanden sind …

18 一言为定: yì yán wéi dìng: *Was gesagt wurde, kann nicht rückgängig gemacht werden.*

19 很抱歉: hěn bào qiàn: *Tut mir wirklich leid* (im Sinn von: *ich kann nichts anderes tun …*).

20 再谈: zài tán: *weiter verhandeln.*

24 介意: jiè yì: *dagegen sein.*

27 不行: bù xíng: *unmöglich* ❖ 对不起: duì bù qǐ: *Entschuldigung.*

28 不: bù: *nein!*

29 选择: xuǎn zé: *Wahl.*

- Es kann nicht oft genug wiederholt werden: Achten Sie immer auf Ihre Ausdrucksweise. Ein in Deutschland oft benutzter Satz der Unzufriedenheit kann in China Ihren Gesprächspartner verletzen. Die dienstlichen zwischenmenschlichen Beziehungen sind ebenfalls in China und in Deutschland verschieden. Ihr chinesischer Gesprächspartner wird oft auf seine Vorgesetzten zurückgreifen müssen, um eine Entscheidung zu treffen. Erwarten Sie keine sofortige Antwort von ihm. Sie würden ihn in eine heikle Situation bringen, wenn Sie darauf beharren würden.

- Aus diesem Grund wurden Beispielsätze für Verhandlungen „auf chinesische Art" ausgesucht, die es Ihnen ermöglichen sollen, weder in Verlegenheit zu geraten, noch Ihren Gesprächspartner das Gesicht verlieren zu lassen. Erinnern Sie sich auch daran, dass es nichts nützt, wütend zu werden.

19A DANK/ENTSCHULDIGUNG

1 Allen besten Dank.

2 Nochmals danke schön für ...

3 Ich danke Ihnen für Ihre Mitarbeit.

4 Ich danke Ihnen für Ihre Anwesenheit.

5 Ich danke Ihnen im Namen der Firma B.

6 Ich übermittle Ihnen den besten Dank der Geschäftsleitung.

7 Im Namen der Firma möchte ich allen danken.

8 Unser Dank gilt all denen, die für uns gearbeitet haben.

9 Ich begrüße ganz besonders Herrn / Frau Wang, der / die unablässig gearbeitet hat.

10 Dank Ihnen konnten wir dieses Ergebnis erreichen.

11 Ihr Beitrag war für uns sehr wertvoll.

12 Wir haben die Qualität Ihrer Arbeit sehr geschätzt.

13 Ganz besonders haben wir Ihre Offenheit geschätzt.

14 Wir gratulieren Ihnen.

1 谢谢各位。
xiè xiè gè wèi.

2 再次感谢···
zài cì gǎn xiè.

3 谢谢您的合作。
xiè xiè nín de hé zuò.

4 谢谢光临。
xiè xiè guāng lín.

5 我代表B公司感谢您。
wǒ dài biǎo B gōng sī gǎn xiè nín.

6 我代表公司领导感谢您。
wǒ dài biǎo gōng sī lǐng dǎo gǎn xiè nín.

7 我代表公司感谢大家。
wǒ dài biǎo gōng sī gǎn xiè dà jiā.

8 谢谢所有为我们工作的人。
xiè xiè suǒ yǒu wèi wǒ men gōng zuò de rén.

9 我要特别感谢王先生/ 王太太 的辛苦工作。
wǒ yào tè bié gǎn xiè Wáng xiān shēng/ Wáng tài tài de xīn kǔ gōng zuò.

10 正因为有了你们，我们才能有这样的成绩。
zhèng yīn wéi yǒu le nǐ men, wǒ men cái néng yǒu zhè yàng de chéng jì.

11 各位的贡献对我们来说非常宝贵。
gè wèi de gòng xiàn duì wǒ men lái shuō fēi cháng bǎo guì.

12 我们很欣赏您的工作质量。
wǒ men hěn xīn shǎng nín de gōng zuò zhì liàng.

13 我们特别欣赏您的诚恳。
wǒ men tè bié xīn shǎng nín de chéng kěn.

14 我们祝贺您。
wǒ men zhù hè nín.

15 Ich bitte Sie um Entschuldigung.

16 Entschuldigung.

17 Es ist meine Schuld.

18 Ich habe unrecht gehabt.

19 Ich habe Ihnen Unrecht getan. Ich bitte Sie um Entschuldigung.

20 Erneut möchte ich mich entschuldigen.

21 Verzeihen Sie mir?

22 Das macht mich sehr verlegen.

23 Sind Sie mir böse?

15 很抱歉。
hěn bào qiàn.

16 对不起。
duì bù qǐ.

17 这是我的错。
zhè shì wǒ de cuò.

18 我错了 。
wǒ cuò le.

19 给您添麻烦了，非常抱歉。
gěi nín tiān má fán le, fēi cháng bào qiàn.

20 再次向您道歉。
zài cì xiàng nín dào qiàn.

21 您能原谅我吗？
nín néng yuán liàng wǒ ma?

22 这让我很难受。
zhè ràng wǒ hěn nán shòu.

23 您生我的气了吗？
nín shēng wǒ de qì le ma?

1 谢谢:xiè xiè: *danke.*

2 再次:zài cì: *erneut, im Sinne von: Erneut danke ich Ihnen.*

3 谢谢您的···xiè xiè nín de: *Danke für Ihre ...*

5,6,7 代表···感谢:dài biǎo... gǎn xiè: *im Namen von ... danken.*

8 为:wèi: *für.*

9 特别感谢:tè bié gǎn xiè: *besonderer Dank* (jemandem besonders danken).

10 正:zhèng: *gerade* ❖ 因为... 才能:yīn wéi... cái néng: *ohne ...*

12 欣赏:xīn shǎng: *schätzen.*

13 诚恳:chéng kěn: *aufrichtig, ehrlich, treu, offen.*

14 祝贺:zhù hè: *gratulieren, beglückwünschen.* 向您表示祝贺:xiàng nín biǎo shì zhù hè: *Ich gratuliere Ihnen dazu.*

15 抱歉:bào qiàn: *tut mir leid, bedauern, verlegen sein.* Beachten Sie: vor 抱歉 steht immer 很:hěn: *viel, wirklich.*

16 对不起: duì bù qǐ: *Entschuldigung.* In der Redewendung 我对不起您: wǒ duì bù qǐ nín drücken Sie das Unrecht aus, das Sie jemandem zugefügt haben. Das wird übersetzt mit: *enttäuschen, unwürdig sein, jemandem gegenüber unrecht handeln, jemandem schaden.* Die beiden Redewendungen dürfen nicht verwechselt werden.

17,18 我的错:wǒ de cuò: *mein Fehler.* 我错了:wǒ cuò le: *ich habe mich geirrt, ich habe einen Fehler begangen.*

19 给您添麻烦了:gěi nín tiān má fān le: *Ich habe Ihnen viel Ärger bereitet.* Diesen Ausdruck können Sie immer benutzen, wenn Sie eine Bitte haben. Der Ausdruck wird dadurch sehr höflich.

21 原谅:yuán liàng: *verzeihen, entschuldigen.*

22 难受:nán shòu: **1.** *leiden, sich unwohl fühlen, Unbehagen empfinden.* **2.** *geschlagen, betrübt, untröstlich sein, sich unwohl fühlen.*

23 Beachten Sie die Wortstellung im chinesischen Satz: 生气:shēng qì: *wütend sein* | 生 (jemand) ❖ 的气: *auf* (jemanden) *wütend sein.*

LANDESKUNDE
DANKEN

- Je näher Sie im Westen einer Person stehen, desto mehr Lust werden Sie haben, ihr zu danken. Auch im höflichen Umgang miteinander bei der Arbeit ist das Danken üblich. In China aber pflegt man zu sagen, dass „man einem Freund nicht dankt, sonst ist er keiner". Demzufolge werden Sie Ihren Gesprächspartner eher beleidigen als ihm schmeicheln, wenn Sie ihm unerwartet danken. Wenn das Danken auch nicht ganz aus dem höflichen Umgang miteinander bei der Arbeit weggelassen werden kann, wird es in China viel sparsamer gebraucht als im Westen. Nehmen Sie also keinen Anstoß daran, wenn sich Ihre chinesischen Gesprächspartner nicht gegenseitig beglückwünschen, aber jeder von ihnen sich Ihnen zuwendet, um Ihnen zu danken. Sie passen sich den „westlichen Gebräuchen" an, um rücksichtsvoll zu sein.

- Außerdem seien Sie nicht schockiert, wenn die Geschenke, die Sie machen, neben Ihrem Gastgeber abgelegt werden, ohne dass sie vor Ihnen aufgemacht werden ... Einmal mehr handelt es sich um chinesische Höflichkeit. Lachen und Lächeln sind oft Zeichen von Verlegenheit ... Lassen Sie sich nicht beirren ...

1 Wir übernehmen gern die Reparatur.

2 Nicht wir haben dieses Gerät verkauft.

3 Dieses Produkt ist leider nicht zu reparieren.

4 Die Garantie für diesen Artikel ist abgelaufen.

5 Dies ist ein altes Modell, das wir nicht mehr herstellen.

6 Dieses Gerät wurde nicht vorschriftsgemäß benutzt.

7 Die Panne ist auf einen Fehler beim Gebrauch zurückzuführen.

8 Wir bieten Ihnen an, es zu ersetzen.

9 Wir ersetzen Ihnen dieses Gerät, denn es wurden uns viele Defekte gemeldet.

10 Wo haben Sie dieses Gerät gekauft?

11 Seit wann haben Sie diesen Artikel?

12 Wir können ihn gegen einen ähnlichen Artikel austauschen.

13 Haben Sie den Garantieschein?

14 Der Mechanismus wurde mit Gewalt beschädigt.

15 Wir haften nicht für die Reparatur.

1 我们愿意负责维修。
wǒ men yuàn yì fù zé wéi xiū.

2 这个机器不是我们卖的。
zhè gè jī qì bú shì wǒ men mài de.

3 可惜这个产品修不了了。
kě xī zhè gè chǎn pǐn xiū bù liǎo le.

4 这件产品已经不在保修期了。
zhè jiàn chǎn pǐn yǐ jīng bú zài bǎo xiū qī le.

5 这是个老型号，已经停产了。
zhè shì gè lǎo xíng hào, yǐ jīng tíng chǎn le.

6 这个机器使用不当。
zhè gè jī qì shǐ yòng bú dàng.

7 操作不当引起了故障。
cāo zuò bú dàng yǐn qǐ le gù zhàng.

8 我们给您换一台。
wǒ men gěi nín huàn yì tái.

9 我们已经收到故障通知，可以给您更换机器。
wǒ men yǐ jīng shōu dào gù zhàng tōng zhī, kě yǐ gěi nín gēng huàn jī qì.

10 您在哪买的这个机器？
nín zài nǎ mǎi de zhè gè jī qì?

11 您买了多长时间了？
nín mǎi le duō cháng shí jiān le?

12 我们可以给您换一个类似的产品。
wǒ men kě yǐ gěi nín huàn yí gè lèi sì de chǎn pǐn.

13 您有保修单么？
nín yǒu bǎo xiū dān me?

14 机械受力过度。
jī xiè shòu lì guò dù.

15 我们不负责维修。
wǒ men bú fù zé wéi xiū.

16 Das Gerät ist voll funktionsfähig.

17 Gegen Vorlage des Kassenzettels sind wir gerne bereit, den Kaufpreis zu erstatten.

18 Die Versicherung wird Sie vollkommen entschädigen.

19 Die Verantwortung des Lieferanten steht fest.

20 Die Ware wurde während des Transports beschädigt.

21 Wir schicken Ihnen einen Reparateur.

22 Nehmen Sie bitte mit unserem Reparaturdienst Kontakt auf.

23 Wir können Ihrem Antrag nicht stattgeben.

24 Wir können Ihnen eine Gutschrift ausstellen, nicht aber den Kaufpreis ersetzen.

25 Unser Versicherer ist mit Ihrer Angelegenheit beschäftigt.

26 Es liegt uns viel daran, diesen Streitfall zu schlichten.

27 Die Installation dieses Computers ist fehlerhaft.

28 Wir sind gerne bereit, uns im Sinne einer gütlichen Einigung Mühe zu geben.

16　机器运转良好。
　　jī qì yùn zhuǎn liáng hǎo.

17　如果您保留了销售小票，我们可以给您退款。
　　rú guǒ nín bǎo liú le xiāo shòu xiǎo piào, wǒ men kě yǐ gěi nín tuì
　　kuǎn.

18　保险公司会给您退全款。
　　bǎo xiǎn gōng sī huì gěi nín tuì quán kuǎn.

19　这应该由运货商负责。
　　zhè yīng gāi yóu yùn huò shāng fù zé.

20　运输途中产品受损。
　　yùn shū tú zhōng chǎn pǐn shòu sǔn.

21　我们给您派一位维修人员。
　　wǒ men gěi nín pài yí wèi wéi xiū rén yuán.

22　请联系维修部。
　　qǐng lián xì wéi xiū bù.

23　我们不能满足您的请求。
　　wǒ men bù néng mǎn zú nín de qǐng qiú.

24　我们可以给您开个借据，但不能退款。
　　wǒ men kě yǐ gěi nín kāi gè jiè jù, dàn bù néng tuì kuǎn.

25　我们的保险公司正在处理您的事情。
　　wǒ men de bǎo xiǎn gōng sī zhèng zài chù lǐ nín de shì qíng.

26　我们希望调解这场诉讼。
　　wǒ men xī wàng tiáo jiě zhě chǎng sù sòng.

27　这台电脑安装有误。
　　zhè tái diàn nǎo ān zhuāng yǒu wù.

28　我们愿意本着调解的精神做些努力。
　　wǒ men yuàn yì běn zhe tiáo jiě de jīng shén zuò xiē nǔ lì.

1, 15 愿意: yuàn yì: *bereit sein, gewillt sein*. In diesem Beispiel wird eine Übereinkunft als selbstverständlich vorausgesetzt. Wenn die Firma zur Reparatur verpflichtet ist, wird der Satz zu: 我们负责维修: wǒ men fù zé wéi xiū: *Wir kümmern uns um die Reparaturen*. 我们不负责维修: wǒ men bú fù zé wéi xiū: 维修: wéi xiū: *Reparatur*.

2 Beachten Sie Stellung des Subjekts (*Gerät*: 机器: jī qì) am Satzanfang.

3 修不了了: xiū bù liǎo le: Achten Sie auf die Aussprache. Verb + 了 liǎo + 了 le = *Unmöglichkeit*. Hier bedeutet es *nicht zu reparieren*.

4, 5 已经不在… 了: yǐ jīng bú zài… le. Hier handelt es sich um ein 了 (le) der Vollendung. Es bedeutet *nicht mehr sein*.

5 停: tíng: *anhalten* ❖ 产: chǎn: *Produktion*.

6 使用: shǐ yòng: *Verwendung, Nutzung* ❖ 不当: bú dàng: *unsachgemäß, nicht angemessen, nicht wie es sein sollte*.

7 故障: gù zhàng: *Panne. Die Maschine ist kaputt:* 机器出了故障: jī qì chū le gù zhàng.

9 通知: tōng zhī: *informieren, benachrichtigen, melden, Bescheid geben, in Kenntnis setzen, mitteilen*.

11 Beachten Sie die Verdoppelung von 了.

12 类似: lèi sì: *ähnlich, gleichartig, analog*.

13 保修单: bǎo xiū dān: *Garantieschein*.

17 销售小票: xiāo shòu xiāo piào: *Kassenzettel, Kaufbescheinigung*.

18 退全款: tuì quán kuǎn: 退款: tuì kuǎn: *Erstattung*, 全: quán: *ganz, vollständig – Erstattung in voller Höhe*. Beachten Sie, dass das Adjektiv 全 zwischen den Schriftzeichen steht, die das Verb bilden (nämlich: Verb + Substantiv). Das Einfügen eines Adjektivs ist in all denjenigen Fällen möglich, in denen das Verb aus Verb + Nomen besteht.

19 由: yóu: *durch, wegen, aufgrund, dadurch, dass*.

21 派: pài: *schicken*.

23 请求: qǐng qiú: *Anfrage*. Höflichere Form als das Synonym 要求: yào qiú.

25 Vergessen Sie nicht, für jede Handlung, die gerade geschieht, 正在 (zhèng zài) zu benutzen.

26 诉讼: sù sòng: (ebenfalls) *Prozess, Gerichtsverfahren*. 诉讼法: sù sòng fǎ: *Prozessrecht*.

27 安装: ān zhuāng: *Installation eines Computerprogramms* (电脑: diàn nǎo), *des Telefons, eines Stromanschlusses* usw.

WIE MAN FÜR DEN TAG, DIE WOCHE, DEN MONAT, DAS JAHR SAGT

DIE WOCHE 星期 / 周月 xīng qī / zhōu yuè

Montag	星期一 xīng qī yī	周一 zhōu yī
Dienstag	星期二 xīng qī èr	周二 zhōu èr
Mittwoch	星期三 xīng qī sān	周三 zhōu sān
Donnerstag	星期四 xīng qī sì	周四 zhōu sì
Freitag	星期五 xīng qī wǔ	周五 zhōu wǔ
Samstag	星期六 xīng qī liù	周六 zhōu liù
Sonntag	星期天 xīng qī tiān	星期日 xīng qī rì 周日 zhōu rì

Welchen Tag / Was für ein Datum haben wir heute?

- 今天几号？ jīn tiān jǐ hào?
  (*was für ein Datum* = Antwort mit einem Datum)
- 今天星期几？ jīn tiān xīng qī jǐ?
  (*welchen Tag* = Antwort mit einem Wochentag)

DER MONAT: 月: yuè

Januar	一月	yī yuè	Juli	七月	qī yuè
Februar	二月	èr yuè	August	八月	bā yuè
März	三月	sān yuè	September	九月	jiǔ yuè
April	四月	sì yuè	Oktober	十月	shí yuè
Mai	五有	wǔ yuè	November	十一月	shí yī yuè
Juni	六月	liù yuè	Dezember	十二月	shí èr yuè

In welchem Monat? 几月 ？ jǐ yuè?

DAS JAHR: 年: nián

- Im Chinesischen ist die Reihenfolge anders als im Deutschen:
  Jahr | Monat | Tag: 年 | 月 | 日
- Um das Jahr anzugeben, benutzt man die Zahlen + 年.
- Die Jahreszahl wird Ziffer für Ziffer wiedergegeben:
  Der 3. März 1957: 一九五七年三月三日
      yī jiǔ wǔ qī nián sān yuè sān rì
  2006: 二零零六年: èr líng líng liù nián
- Mündlich kann man auch sagen:
  一九五七年三月三号: yī jiǔ wǔ qī nián sān yuè sān hào
  Welches Jahr? 哪年? nǎ nián?

1 Ich bin Diplomkaufmann / Diplomkauffrau.

2 Ich habe Chinesisch an der Pekinger Fremdsprachenhochschule studiert.

3 Das Thema meiner Doktorarbeit waren „Die internationalen Beziehungen".

4 Ich habe eine sechsjährige Berufserfahrung.

5 Ich habe in England studiert, um mein Englisch zu verbessern.

6 Ich habe acht Jahre in Deutschland / in China gelebt.

7 Ich habe gerade mein Diplom bestanden.

8 Ich habe schon mehrere Praktika in Unternehmen gemacht.

9 Ich habe studiert und gleichzeitig gearbeitet.

10 Ich hoffe, ein Praktikum in Ihrem Unternehmen machen zu können.

11 Ich habe mit 18 in diesem Beruf angefangen.

12 Ich bekam einen Lohn und eine Provision.

13 Ich habe Ihnen ein Empfehlungsschreiben mitgebracht.

14 Ich bin bereit, mich hundertprozentig einzusetzen.

1 我毕业于商学院。
wǒ bì yè yú shāng xué yuàn.

2 我曾在北京外国语大学学习中文。
wǒ céng zài běi jīng wài guó yǔ dà xué xué xí zhōng wén.

3 我论文的题目是《国际关系》。
wǒ lùn wén de tí mù shì guó jì guān xì.

4 我有六年的工作经验。
wǒ yǒu liù nián de gōng zuò jīng yàn.

5 我曾去英国留学以提高我的英文水平。
wǒ céng qù yīng guó liú xué yǐ tí gāo wǒ de yīng wén shuǐ píng.

6 我在德国 / 中国生活了8年。
wǒ zài dé guó / zhōng guó shēng huó le bā nián.

7 我刚刚毕业。
wǒ gāng gāng bì yè.

8 我已经在贵公司实习很多次了。
wǒ jǐ jīng zài guì gōng sī shí xí hěn duō cì le.

9 我上学的时候就打工。
wǒ shàng xué de shí hòu jiù dǎ gōng.

10 我希望在您的公司实习。
wǒ xī wàng zài nín de gōng sī shí xí.

11 我18岁起就开始从事这个行业了。
wǒ shí bā suì qǐ jiù kāi shǐ cóng shì zhè gè háng yè le.

12 以前我除了工资，还有提成。
yǐ qián wǒ chú le gōng zī, hái yǒu tí chéng.

13 我带了一封推荐信。
wǒ dài le yì fēng tuī jiàn xìn.

14 我准备全身心投入。
wǒ zhǔn bèi quán shēn xīn tóu rù.

Vorstellungsgespräch

15 Ich habe gehört, dass in Ihrer Firma eine Stelle frei sei.

16 Ich hätte gerne Informationen über die Stelle.

17 Mein Lebenslauf ist in drei Sprachen verfasst. Welchen wollen Sie haben?

18 Brauchen Sie meinen Lebenslauf nicht?

19 Wie heißt der Personalchef?

20 Ich bin seit drei Monaten arbeitslos.

21 Ich würde mich sehr freuen, in einer ausländischen Firma arbeiten zu können.

22 Das ist eine gute Gelegenheit, mein Deutsch zu verbessern.

23 Haben Sie schon in einem Unternehmen gearbeitet?

24 In welchem Jahr haben Sie Ihr Diplom bestanden?

25 Wie haben Sie erfahren, dass wir jemanden suchen?

26 Welche Stelle hatten Sie in Ihrem früheren Unternehmen?

27 Warum haben Sie gekündigt?

28 Falls Sie angestellt werden, wären Sie bereit, im Ausland zu arbeiten?

29 Ihre Bewerbung wurde nicht berücksichtigt / wurde berücksichtigt.

15 我听说贵公司有空缺。
wǒ tīng shuō guì gōng sī yǒu kòng quē.

16 我想了解这个职位。
wǒ xiǎng liǎo jiě zhè gè zhí wèi.

17 我的简历有三个语言版本，您想要哪个？
wǒ de jiǎn lì yǒu sān gè yǔ yán bǎn běn, nín xiǎng yào nǎ gè?

18 您不需要我的简历吗？
nín bù xū yào wǒ de jiǎn lì ma?

19 人事部负责人贵姓？
rén shì bù fù zé rén guì xìng?

20 我失业三个月了。
wǒ shī yè sān gè yuè le.

21 我很高兴有机会在外企工作。
wǒ hěn gāo xìng yǒu jī huì zài wài qǐ gōng zuò.

22 这对提高我的德语水平是个好机会。
zhè duì tí gāo wǒ de dé yǔ shuǐ píng shì gè hǎo jī huì.

23 您以前在公司工作过吗？
nín yǐ qián zài gōng sī gōng zuò guò ma?

24 您是哪年毕业的？
nín shì nǎ nián bì yè de?

25 您怎么知道我们正在招聘？
nín zěn me zhī dào wǒ men zhèng zài zhāo pìn?

26 您在以前的公司做什么职位？
nín zài yǐ qián de gōng sī zuò shén me zhí wèi?

27 您为什么辞职了？
nín wèi shén me cí zhí le?

28 如果您被录用，可以去国外工作吗？
rú guǒ nín bèi lù yòng, kě yǐ qù guó wài gōng zuò ma?

29 我们对您的简历不感兴趣 / 感兴趣。
wǒ men duì nín de jiǎn lì bù gǎn xìng qù / gǎn xìng qù.

1, 7 毕业：bì yè：*diplomiert sein*. 毕业于：bì yè yú：*diplomiert von* (Name der Hochschule, der Universität). 刚刚：gāng gāng：*frisch diplomiert* (ohne Berufserfahrung).

3 论文：lùn wén：*Doktorarbeit*.

4 **Erfahrung** von ... Jahren: Beachten Sie, dass das Verb 有 in diesem Ausdruck obligatorisch ist.

5 留学：liú xué：*ins Ausland fahren, um dort zu studieren* ❖ 留学生：liú xué shēng：*ausländischer Student*.

6 **Zeitangabe**: 我在法国生活了8年 bedeutet, dass der Sprecher sich nicht mehr in Deutschland befindet, wo er gelebt hat. Wenn er noch in Deutschland wäre, müsste man 了：le am Ende des Satzes hinzufügen.

8 实习：shí xí：*ein Praktikum in einem Unternehmen machen* ❖ 很多次了：hěn duō cì le：*oft, mehrmals*.

9 打工：dǎ gōng：*jobben*. Dieser Ausdruck ist umgangssprachlich.

11 Beachten Sie, dass hier 就 (*mit 18 ...*) verwendet wird. Vor dem Verb ist 开始 obligatorisch.

12 *neben, mit Ausnahme von, außer*: 除了… 以外：chú le… yǐ wài. 除了你以外谁也不知道：chú le nǐ yǐ wài shuí yě bù zhīdao：*Außer dir weiß das niemand*. In unserem Beispiel heißt 除了 *außer* (以外 kann weggelassen werden).

13 带：dài：*bringen*. 信，你带来了吗？xìn, nǐ dài lái le ma？ *Hast du den Brief mitgebracht?* (Das Subjekt steht am Satzanfang, und auf das Verb 带 folgt das Richtungsverb 来).

16 职位：zhí wèi：*Stelle*.

17 简历：jiǎn lì：*Lebenslauf*.

19 Beachten Sie die Wortfolge im chinesischen Satz. 人事部：rén shì bù：*Personalabteilung* | 负责人：fù zé rén：*der/die Beauftragte, Zuständige, Verantwortliche* | 贵姓：guì xìng：*(ehrenwerter) Name*.

20 我失业三个月了：Die Partikel 了 am Satzende zeigt an, dass die Handlung noch andauert. Der Satz wird also ins Deutsche mit: *seit 3 Jahren* übersetzt. Ohne 了 müsste man den Satz in einer Vergangenheitsform übersetzen.

22 提高：tí gāo：*erhöhen* ❖ 水平：shuǐ píng：*Niveau*.

25 怎么知道：zěn me zhī dào：*wie*.

27 为什么：wèi shén me：*warum*.

28 录用: lù yòng: *angestellt sein/werden.*

29 不感兴趣: bù gǎn xìng qù: *kein Interesse für/an ... haben.*. 感兴趣: gǎn xìng qù: *sich für ... interessieren.* Beachten Sie die Verwendung von 对: duì.

	WORTSCHATZ	
berufliches Fachwissen	业务知识	yè wù zhī shí.
berufliche Fähigkeit	业务能力	yè wù néng lì
berufliche Qualifizierung	业务专长	yè wù zhuān cháng

Anhang DIE ZAHLEN

null	零	líng	*zehn*	十	shí
eins	一	yī	*elf*	十一	shí yī
zwei	二	èr	*zwölf*	十二	shí èr
drei	三	sān	*dreizehn*	十三	shí sān
vier	四	sì	*vierzehn*	十四	shí sì
fünf	五	wǔ	*fünfzehn*	十五	shí wǔ
sechs	六	liù	*sechzehn*	十六	shí liù
sieben	七	qī	*siebzehn*	十七	shí qī
acht	八	bā	*achtzehn*	十八	shí bā
neun	九	jiǔ	*neunzehn*	十九	shí jiǔ

- Die Zehner werden gebildet mit der Zahl gefolgt von der Zehn.
- Die Zahlen zwischen den Zehnern werden gebildet, indem der Einer nach der Zehnerzahl hinzugefügt wird.

zwanzig	二十	èr shí
zweiundzwanzig	二十二	èr shí èr
dreißig	三十	sān shí
vierzig	四十	sì shí
fünfzig	五十	wǔ shí
sechzig	六十	liù shí
siebzig	七十	qī shí
achtzig	八十	bā shí
neunzig	九十	jiǔ shí
hundert	一百	yì bǎi
tausend	一千	yì qiān
zehntausend	一万	yí wàn
hunderttausend	十万	shí wàn
hundertzwanzigtausend	二十万	èr shí wàn
Million	百万	bǎi wàn
zehn Millionen	千万	qiān wàn

Die Volksrepublik China
Ausrufung der Republik: 1. Oktober 1949
Nationalfeiertag: 1. Oktober

GEOGRAFIE
Fläche: 9 561 000 km²
Einwohner: 1,31 Milliarden (2007)
56 Nationalitäten
Hauptstadt: Peking (Beijing)
Wichtigste Städte: Shanghai, Kanton, Tianjin, Chongqing, Wuhan
Amtssprache: Mandarin (putonghua)
Währung: Renminbi (RMB) (21.10.2008: 1 Euro = 9,18 RMB)

BEVÖLKERUNG
Bevölkerungswachstum: 0,5% (2007)
Analphabetenrate: 9,3% (2006)
Lebenserwartung: 71,6 Jahre

WIRTSCHAFT
Bruttoinlandsprodukt (BIP): 3.281 Mrd. US$ (2007)
BIP je Einwohner: 2.489 US$ (2007)
Anteile der Hauptwirtschaftssektoren im BIP:
    Landwirtschaft: 13,1%
    Industrie: 46,2%
    Dienstleistungen: 40,7%
Wachstumsrate: 11,4% (2007)
Inflationsrate: 4,5% (2009)
Ausfuhr: 1217,9 Mrd. US$ (2007)
Einfuhr: 955,8 Mrd. US$ (2007)
Hauptabnehmerländer: Vereinigte Staaten, Europäische Union, Japan, Hongkong
Hauptlieferländer: Japan, Europäische Union, Taiwan, Südkorea, Vereinigte Staaten

Deutsche Exporte nach China: 29,90 Mrd. Euro (2007)
Deutsche Importe aus China: 56,42 Mrd. Euro (2007)

REGISTER

REGISTER

Die Zahlen in Klammern zeigen die Nummern der Anmerkungen an.

REGISTER

REGISTER

REGISTER